“股市天机”
系列丛书

V TU TIAN JI

V图天机

股票V图技术判定价格趋势

李一波◎著

SPM
南方出版传媒
广东经济出版社
—广州—

图书在版编目（CIP）数据

V图天机：股票V图技术判定价格趋势／李一波著．—广州：广东经济出版社，2017.8
ISBN 978－7－5454－5447－5

Ⅰ．①V… Ⅱ．①李… Ⅲ．①股票交易－基本知识Ⅳ．①F830.91

中国版本图书馆CIP数据核字（2017）第117697号

出 版 人：姚丹林
责任编辑：蒋先润
责任技编：许伟斌
装帧设计：汪要军

出版发行	广东经济出版社（广州市环市东路水荫路11号11～12楼）
经销	全国新华书店
印刷	东莞市翔盈印务有限公司 （东莞市东城区莞龙路柏洲边路段）
开本	730毫米×1020毫米 1/16
印张	13.5
字数	156 000字
版次	2017年8月第1版
印次	2017年8月第1次
印数	1～5 000
书号	ISBN 978－7－5454－5447－5
定价	42.00元

如发现印装质量问题，影响阅读，请与承印厂联系调换。
发行部地址：广州市环市东路水荫路11号11楼
电话：（020）38306055 37601950 邮政编码：510075
邮购地址：广州市环市东路水荫路11号11楼
电话：（020）37601980 营销网址：http://www.gebook.com
广东经济出版社新浪官方微博：http://e.weibo.com/gebook
广东经济出版社常年法律顾问：何剑桥律师

前 言

Preface

V 图之中有天机

V 图，从词语本身看来都与 V 图反转类似，但是 V 图形态与 V 图反转有明显的区别。V 图形态出现，意味着单边趋势形成，而 V 图出现的信号，可以是 V 形反转，也可以是不同形态的反转。不同类型的反转形态出现在单边趋势中，意味着行情出现反转，用 V 图形态确认反转和单边趋势中的交易机会，使得交易过程更加简便易行。

复杂的股票理论需要投资者掌握更多的相关知识，唯有储备足够的技术分析手段，才能够适应交易过程。而 V 图形态则不同，它适用于分析能力不同的投资者。初期入手的投资者、经验丰富的投资者都可以运用 V 图来完成交易过程。

实战的交易期间，投资者经常会有对行情不能准确把握的感慨。真实的情况是，股价运行并不难懂，V 图形态是简单的确认价格趋势的方式，又是单边趋势中准确判定交易时机的方式。

对于交易机会的把握，很多投资者都知道趋势的重要性。随趋势来交易，投资者才可以获得更好的投资效果。而趋势中增减仓位，适应趋势发展方向，投资者的盈利效果会更好。V 图在交易策略上，就是要在确认趋势的基础上把握交易机会。单边趋势中的交易机会有很多，V 图形态出现的时候，便是最佳买卖点形成的时刻。

经历牛熊转换的投资者都知道，判断个股的买卖时机还是相当困难的。虽然个股的买涨时机每日都能出现，但是投资者还不得不去非常投入地研究交易时机。如果投资者能够确认价格趋势，在趋势中交易股票，获得收益的概率就很高了。很容易想到的是，趋势一旦出现，即便有调整出现，如果没有改变趋势方向，顺势买卖也是可以获得最佳投资效果的。V图是什么呢，V图提供了反转信号，同时又能够在趋势出现以后指导投资者的交易过程。反转信号出现期间买卖股票，投资者能够充分利用低价或者高价完成交易过程。而单边趋势出现以后，使用V图来完成加仓或者减仓动作，就能够在顺势交易期间达到最佳投资效果。

书中说的V图形态不仅出现在分时图、日K线，而且也出现在不同周期的K线形态里。可以说，V图是适用性更广泛的图形，适用于更多的个股和指数。在行情的不同阶段，都可以使用V图来划分价格所在的单边趋势，以及确认即将出现的反转信号。

把握V图的形态特征和交易特点，是本书的学习目标。如果投资者按照V图形态完成过程来交易股票，最佳的买卖时机可以被确认。同时，V图形态出现以后，推动股价按照单边趋势运行期间，根据价格调整阶段的形态特征增减仓位，可以使得V图交易过程能够帮助多数投资者获取最佳投资效果。简便易行的交易方法当然是所有投资者喜欢的，而V图形态简单，确认V图的方式容易理解，理应成为投资者获取高收益的方式。

目　录

Contents

/ 第1章 /

V图基础概述

股价经历了单边运行趋势以后，V图反转形态提示价格单边趋势遇到阻力，股价开始进入反转运行状态。最基础的V图能够将交易信号更好地提示给投资者，帮助投资者把握好典型的反转买卖信号。V图是经过验证的反转形态，从规模上看，V图期间股价反转形态在几个交易日里完成，而价格反转后运行趋势规模可以比较大。进一步的价格单边趋势得到加强，股价V图反转的走势也不断得到确认。

1.1　V 图基础形态

V 图基础形态特征里，与 V 形反转的价格走势有很多相似的地方。比如在回落趋势中，股价明显经历了下跌行情，低价区的技术性反弹推动股价快速反转，股价在 V 形反弹期间完成反转走势。V 图是价格反转后趋势延续期间出现的单边趋势。V 图是反转形态，同时也推动价格进入新的运行趋势，是新趋势中交易信号出现的起始形态。

1.1.1　V 图最基础形态

提到 V 图形态，股价当前的单边运行趋势是需要关注的地方。单边趋势里，价格走势按照主要运行趋势来波动，短线并不会轻易改变运行方向。如果投资者在单边趋势里交易股票，那么交易方向在 V 图形态出现前可以持续。V 图形态出现期间，价格运行方向出现改变。投资者可以根据 V 图反向运行信号来改变交易策略，适应股价运行趋势。

形态特征

A. 股价单边运行时间较长：股价单边运行时间延长的时候，交易机会也在单边趋势中存在。不过价格还是会出现反转走势，反转信号是 V 图形态出现的起始形态。图 1 – 1 显示的左图 A 到 B 和右图 D 到 E 为价格单边趋势。

B. 典型反转信号出现：典型反转信号可以轻松地改变价格趋势，在单边趋势中，图 1－1 显示的左图 B 位置和右图 E 位置是趋势逆转的信号。从反转信号开始，V 图价格反转走势逐步展开。

C. V 图转换，股价反转：V 图转换以后，股价运行趋势开始逆转，价格在反方向运行空间放大。反转走势中，V 图形态规模扩大，短线 V 图的价格转换成为投资者中长期交易的形态基础。

图 1－1　V 图形态

1.1.2　V 图分时图形态

价格折返在分时图中非常容易见到，折返期间 V 图形态出现，股价按照新的运行趋势来波动。同时，投资者的交易方向需要适应价格走势，才能更好地获得收益。分时图的价格变化更加频繁，V 图形态总体与开盘价和收盘价密切相关。收盘价能够达到的高度越高，通常拉升出来的 V 图形态规模就越大。从对价格走势的影响来看，V 图规模大表明股价运行趋势得到了验证。在一个价格反转后的单边趋势里，V 图提示的交易机会将不断加强。

形态特征

A. 开盘价为趋势起点：开盘价开始的分时图中，股价运行趋势可以向下或者向上，分时图中开盘价是趋势的起始点，直到盘中 V 图改变了这个趋势。

B. 盘整低价出现 V 图：盘整的低价区出现买点，低价区成为股价结束回落趋势开始回升的起始点，同时也是 V 图确认，买点出现的信号。

C. 尾盘收高，V 图规模扩大：尾盘股价收盘上涨期间，涨幅加大，V 图反转后股价回升趋势显著，投资者的持股盈利空间扩大。V 图在盘口体现为反转信号，同时也是趋势扩展的基础。

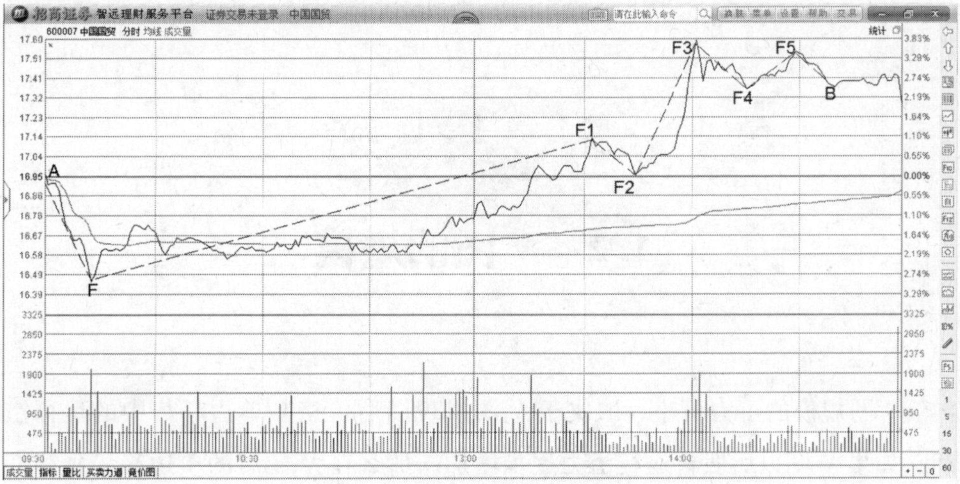

图 1－2　中国国贸分时图

操作要领

1. 从开盘价为趋势起点来看：如图 1－2 所示，股价开盘在 A 位置，开盘股价波动幅度很小，并未出现有效的跳空涨跌幅。A 位置开始的回落走势中，价格从 A 位置回落到 F 位置，A 点成为回落趋势起点。

2. 从盘整低价出现 V 图来看：上午盘股价开盘回落后，V 图低点 F 得到确认。股价从 F 位置反弹，V 图反转后股价回升趋势进入实质性阶段。盘中 V 图后股价最高涨幅达 F3 位置，这表明 V 图支撑效果良好。

3. 从尾盘收高，V 图规模扩大来看：尾盘股价回升趋势延续，短线以 F2 和 F4 为支撑点的 V 图进一步推动股价上涨。整体看，低价区 F 位置是 V 图后股价上涨的基础。小型的 V 图在 F1－F2－F3 和 F3－F4－F5 出现，股价涨幅在这个时候扩大。

总结

V 图期间股价完成趋势转换，同时加速进入新的运行趋势。这个时候，价格以 V 图低点位为起始点加速上涨，交易的盈利空间在这个时候快速放大。

1.2 V 图的规模

V 图规模的可大可小，取决于 V 图出现以后价格在单边趋势中的运行空间。如果 V 图以后股价运行潜力逐步增加，那么在 V 图后的单边趋势延续期间，V 图规模就会增加。大规模 V 图中交易空间增加，如果股价正处于回升趋势，那么盈利的空间也将增加。小规模 V 图在改变价格运行趋势期间的作用不大，但作为调整期间的整理形态，小规模 V 图却是比较有效的调整仓位的手段。

1.2.1 短期 V 图形态

短期 V 图形态中，价格围绕一个区间范围波动，V 图提示了价格反转，价格反转只是在短期延续。如果 V 图反转后与主要价格趋势一致，那么价格运行时间更长而股价波动空间更高。随着行情不断发酵，V 图提示的短线的 V 图对价格短期影响更加明显。而作为长期交易者，须确保在低价区的 V 图得到确认以后再持股并且扩大收益，这才是投资盈利的准则。

形态特征

A. 脉冲量能推动价格反弹：脉冲量能在比较短的时间里释放，股价也在短时间内冲高见顶。相似价位的顶部频繁出现，同一价位附近的抛售压力增加，股价见顶回落。

B. RSI 频繁短线见顶：V 图形态里，股价在局部走强阶段见顶，价格见顶与 RSI 指标的高位超买同步实现。RSI 指标的高位超买推动了价格短线回落。短期 V 图成为股价回落的推动形态，同时预示着高抛交易出现。

C. 短线高位 V 图出现：典型的 V 图反转走势期间，股价在短线高位出现了回落走势。价格回升和股价快速回落成为 V 图确认的形态特征。

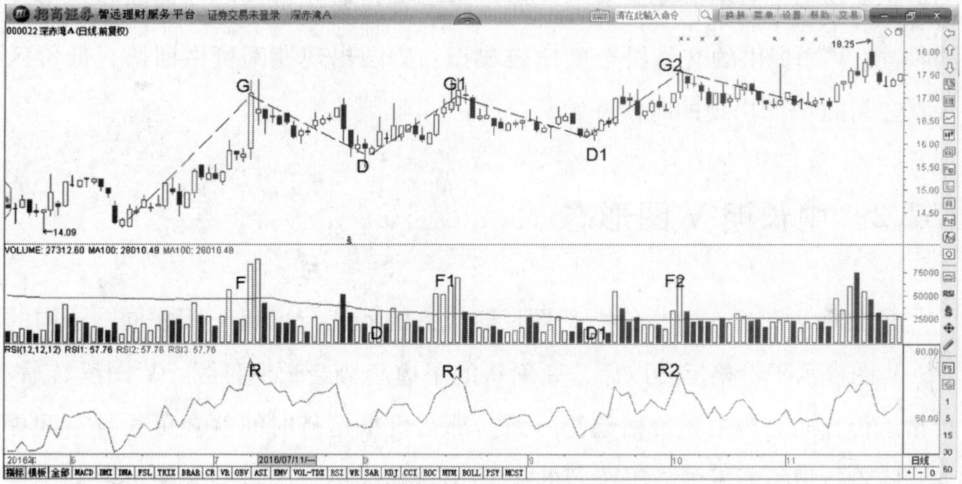

图 1-3　深赤湾 A 日 K 线

操作要领

1. 从脉冲量能推动价格反弹来看：如图 1-3 所示，脉冲量能在股价强势运行阶段出现次数较多，图中 F 位置就是持续两个交易日的脉冲量能，成交量显著回升到 100 日等量线上方，而股价在脉冲量能推动下决定 G 位置。G 位置是回升趋势结束的起点，成为 V 图形态出现的信号。类似的脉冲量出现在 F1 和 F2，股价在 G2 和 G3 位置决定。

2. 从 RSI 频繁短线见顶来看：脉冲放量期间，股价反弹后 RSI 指标在 R 位置决定。虽然数值上，RSI 指标还未达 80 以上，但是指标短线见顶特征明显。RSI 指标在 R、R1、R2 见顶，推动股价进入 V 图反转阶段。

3. 从短线高位 V 图出现来看：完整的 V 图在 G、G1 和 G2 位置出现，这是局部短线调整阶段的 V 图反转走势。在局部调整期间，股价回调力度不大，V 图只是在短期改变了价格运行节奏。

总结

局部调整期间，V 图的出现改变了股价上涨的时间周期，并从价格调整的形式上影响了股价上涨的节奏。如果投资者想要在价格波动期间获得更高的收益，V 图提供的交易机会就比较典型。V 图出现期间价格回落，低价区买点在新的 V 图出现的时候开始。

1.2.2 中长期 V 图形态

在长期 V 图形态中，价格 V 图反转应有的特征与短期 V 图相同。不同的是，V 图提示了价格反转以后，新确认的单边趋势会长期延续。V 图反转后，价格运行方向会与主要价格趋势一致，那么价格运行时间就会更长且空间更大。随着行情不断发酵，等待新的 V 图出现前，单边趋势的交易机会都不会消失。而作为长期交易者，确保在长期 V 图出现的时候采取交易动作，才能在长期趋势中获得最佳的交易效果。

形态特征

A. 天量顶和地量底：在长期 V 图出现期间，量价表现为天量顶和地量底特征，这是长期价格运行趋势出现逆转的信号。

B. RSI 数值超高：RSI 指标数值在股价飙升期间达到超高位置，显示指标超买，同时提升长期趋势的 V 图转换这时出现。

C. V 图反转后波动加大：既然是在长期的趋势结束期间出现，那么 V 图出现以后，股价就会按照单边趋势运行，波动空间还会很大。在长期回升趋势中价格反转 V 图出现，接下来价格跌幅会比较大；而长期回落趋势的低价区价格反转 V 图出现，股价涨幅会很大。

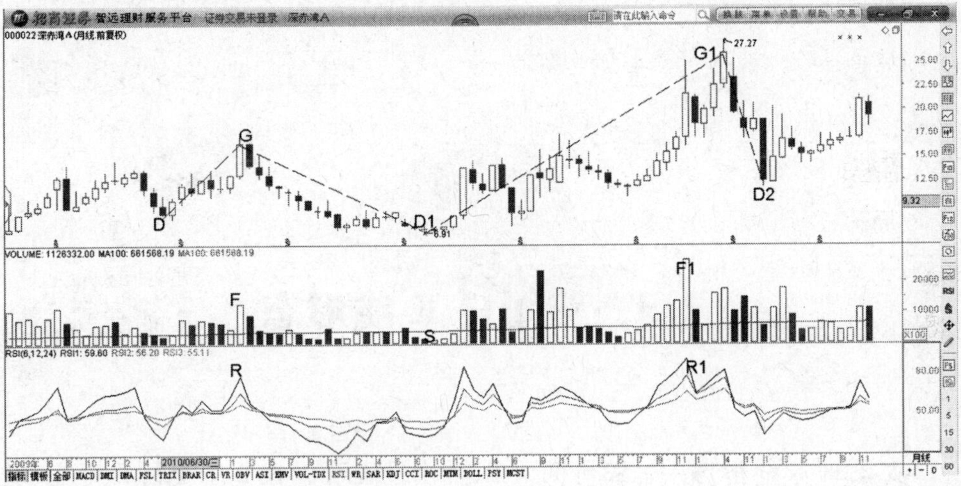

图 1－4　深赤湾 A 月 K 线

操作要领

1. 从天量顶和地量底来看：如图 1－4 所示，在长期 V 图出现期间，量价在 G 和 G1 表现为 F 和 F1 位置天量顶。而 D1 位置则表现为 S 位置地量特征。长期 V 图转换的时候，天量顶和地量底是 V 图出现的起始点。

2. 从 RSI 指标数值超高来看：RSI 指标数值在股价飙升期间达到超高位置 R 和 R1，达 80 上方超买状态，已经是指标最高值。表明 RSI 指标在月 K 线中出现超买，长期回升趋势的 V 图转换在 RSI 指标超买期间出现。

3. 从 V 图反转后波动加大来看：在长期的回升趋势结束期间，D－G－D1 的 V 图反转在高价区出现。V 图转换后，G 到 D1 的价格跌幅超过 50%。G－D1－G1 的 V 图转换中，股价从 D1 到 G1 涨幅接近 300%。

总结

月K线V图出现以后，价格转换速度加快，股价在V图中的过程中波动空间加剧。波动空间上，价格涨跌与短期V图有很大差别。关注V图转换以后的交易机会，股价波动空间虽大，投资者却不会错失交易机会。

1.3 V图日K线形态

V图日K线形态中，股价的V图转换过程可以在2个交易日中完成。2个交易日里，价格已经完成了趋势转换。股价由回升趋势转变为回落趋势，或者回落趋势转换为回升趋势。2个交易日里出现的V图形态，价格转换效率很高。而3个交易日里出现的V图形态，股价转换的效率也是很高的。类似V形反转形态，反转期间有典型的K线确认价格反转，V图就出现在这个时候。

1.3.1 价格折返2步V图形态

一根大阴线形态出现以后，股价很快跌破了价格高位的阳线形态，提示股价运行趋势反转。大阴线跌幅较大，并且阴线实体也很大，对于趋势反转的判断，失误的概率很小。大阴线跌破了阳线以后，股价跌幅快速扩大。在V图反转走势中，股价在下跌趋势中的跌幅将明显提升。从2步V图反转提示的减仓交易信号来看，V图后价格下跌趋势很快加速。2步V图反转期间，典型的高抛卖点出现在大阴线形态以后。

形态特征

A. 量能达天量：成交量达天量状态，使得筹码转换效率大幅提升。回升趋势中，主力投资者需要集中放量才能完成出货动作，天量提供了这种机会。

B. 天量大阴线出现：天量出货期间，股价遭受前所未有的抛售压力，价格下跌期间出现大阴线形态，股价在一个交易日就完成反转。

C. RSI 指标超买回落：RSI 指标从 80 上方的超买位置回落，指标超买回落，推动股价很快进入下跌趋势。RSI 指标达 80 上方超买已经是指标最高数值，接下来指标进入回落趋势。

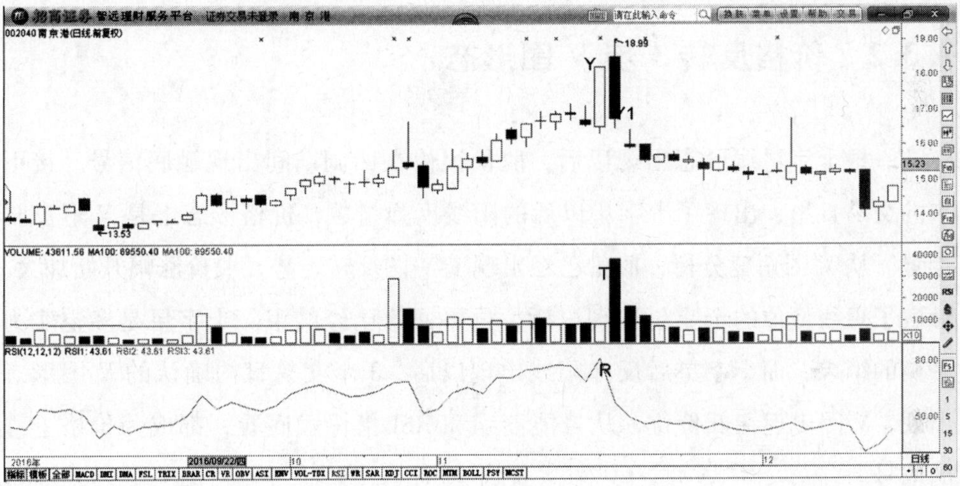

图 1-5　南京港日 K 线

操作要领

1. 从量能达天量来看：如图 1-5 所示，成交量在 T 位置达天量状态，量能放大 4 倍以上，筹码转换效率达到回升趋势以来最大值。可见，主力已经在这个时候出货，顶部反转形态明确。

2. 从天量大阴线出现来看：Y 位置大阳线形态以后，接下来交易日出现了 Y1 位置的大阴线形态。大阴线形态快速逆转了股价回升趋势，成为天量阴线的顶部反转起始点。

3. 从 RSI 指标超买回落来看：RSI 指标从 R 位置的 80 上方的超买位置回落，指标超买回落，推动股价很快进入下跌趋势。R 位置达 80 上方超买状态，已经是指标最高数值，这提示股价完成 V 图反转，股价开始出现回落。

总结

一个交易日就出现了大阴线形态，股价 V 图形态在 2 个交易日中完成。价格下跌期间，股价跌幅加大、跌速很快。从交易机会看，越早减少持股的话，投资者亏损将显著减少。

1.3.2　价格反转 3 步 V 图形态

一根十字星线形态出现以后，股价很快在回调期间出现触底信号。接下来的交易日里，出现了十字星以后的阳线反弹指数，价格形态上是 V 形反转走势。从 V 图角度分析，股价已经出现了 V 图反转走势，股价涨幅开始加大。触底了短线低位的十字星出现以后，价格回落已经结束。十字星是多空实力平衡的结果，而十字星后反弹阳线出现以后，3 个交易日内确认的 V 图形态出现。V 图出现在低价位，从量能萎缩和 RSI 指标触底看，都成为价格上涨的信号。

形态特征

A. 成交量萎缩到位：成交量在股价回落期间萎缩，在价格跌幅到位的时候出现放量信号。量能接近 100 日等量线，表明缩量回调到位。

B. RSI 指标在低位触底：RSI 指标在股价回落期间持续回调，指标跌破 50 线以后，回落空间快速加大，使得低位指标超卖反弹信号出现。

C. 股价在均线下方反弹：价格在回落期间总会跌破重要的均线，长期调整以后股价首次跌破 100 日均线，价格超跌明显。均线下方出现十字星，提示 V 图形态出现。

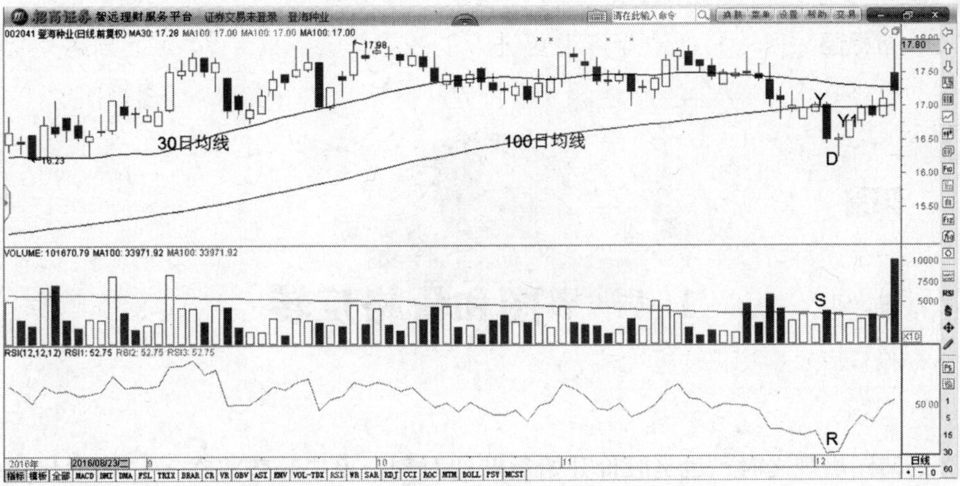

图1-6 登海种业日K线

操作要领

1. 从成交量萎缩到位来看：如图1-6所示，成交量在S位置接近100日等量线，缩量期间，量能已经不再收缩。这个时候，是量能触底股价将要反转的信号。

2. 从RSI指标在低位触底来看：RSI指标在股价回落期间持续回调，指标跌破50线以后，回落空间快速加大，使得低位指标超卖反弹信号出现。

3. 从股价在均线下方反弹来看：价格在回落期间的Y位置跌破重要的100日均线，长期调整以后股价首次跌破100日均线，价格超跌明显。均线下方D位置出现十字星，而十字星以后股价在Y1位置出现技术性反弹，提示V图形态出现。

总结

技术性反弹的过程中，V图反转在十字星形态出现以后开始。股价涨幅不断加大，V图在这期间价格表现强势，持股盈利的过程变得非常轻松。

1.4 V 图和价格反转

V 图出现之时，也是股价开始反转的时刻。单边趋势将在 V 图以后出现逆转，价格逆转期间，交易方向发生根本改变。从交易的时机看，V 图形态出现的那一刻是典型的方向交易机会。错过了 V 图出现的交易点位以后，这么好的交易机会就不会再次出现。因为 V 图是趋势结束的信号，如果单边长期趋势在 V 图期间结束，更值得投资者关注交易机会。

1.4.1 回升趋势的 V 图反转

单边回升趋势出现以后，股价涨幅接近或者超过 100%，价格继续回升的抛售压力增加。如果典型的放量顶部出现，对于结束回升趋势非常重要。通常，价格上涨阶段可以在天量顶部以后结束。而从 V 图出现的反转形态看，天量顶部也正是 V 图形态出现的时刻。这预示着 V 图以后的价格回落趋势出现，股价持续回落的情况将会形成。

形态特征

A. 股价涨幅接近 100%：股价在回升趋势中涨幅加大，涨幅高达 100% 的情况下，股价表现非常强势。这个时候，顶部反转走势在这个时候出现。

B. 天量顶部出现：价格高位股价见顶期间，天量顶部出现，体现筹码转换效率飙升，散户接盘证明行情将要结束。

C. RSI 指标超买回落：当 RSI 指标数值高达 80 上方以后，回升趋势中指标显著超买，价格顶部特征显著。RSI 指标超买推动的 V 图形态出现，反转意义得到加强。

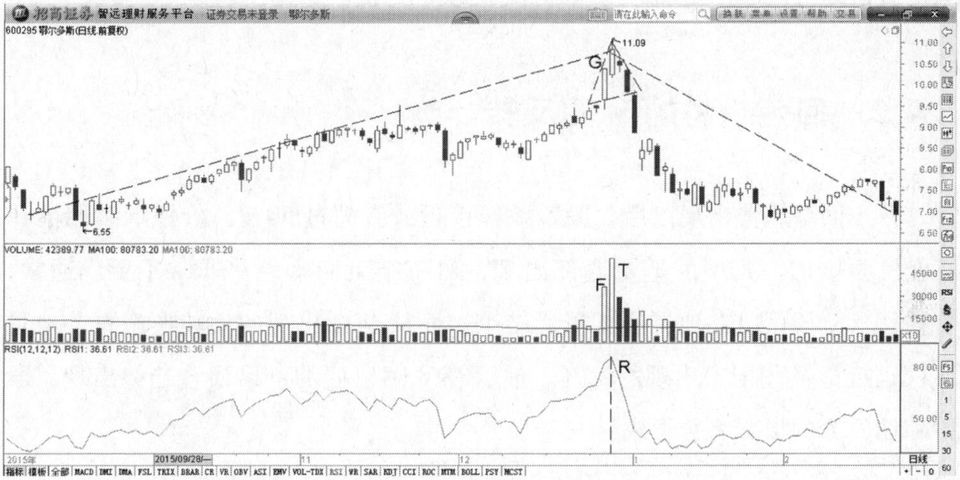

图 1－7　鄂尔多斯日 K 线

操作要领

1. 从股价涨幅接近 100% 来看：如图 1－7 所示，股价在回升趋势中涨幅较大，特别是价格冲击顶部 G 位置期间，涨幅接近 100%，股价表现非常抢眼。这个时候，G 位置的顶部反转形态值得关注。

2. 从天量顶部出现来看：F 位置的放量出现以后，T 位置量能再次放大，两个交易日表现为天量特征，正是股价在 G 位置见顶的信号。

3. 从 RSI 指标超买回落来看：RSI 指标达 R 位置 80 上方，表明 RSI 指标已经处于超买状态。回升趋势中 RSI 指标超买以后，强劲上涨带来的超买盈利加大。图中 G 位置的 V 图转换形态得到确认，V 图成为股价回升趋势见顶和下跌趋势开始的周转形态。

总结

回升趋势中股价涨幅加大，指标见顶和天量顶部特征是确认价格反转的信号。V图形态出现在价格高位，V图形态后价格运行趋势反转，V图规模延续期间，高价抛售机会在短期出现。在V图出现期间抛售股票，可以有效规避下跌风险。

1.4.2 回落趋势的V图反转

单边回落趋势出现以后，股价跌幅接近或者超过50%，价格继续回落让买盘实力增加。典型的地量底部出现，对于结束回落趋势非常重要。通常，价格回落阶段可以在地量底部以后结束。而从V图出现的反转形态看，地量底部也正是V图形态出现的时刻。预示着V图以后的价格回升趋势出现，股价持续回升的情况将会形成。

形态特征

A. 低价区出现地量底：低价区出现了地量底部以后，股价已经触底。在

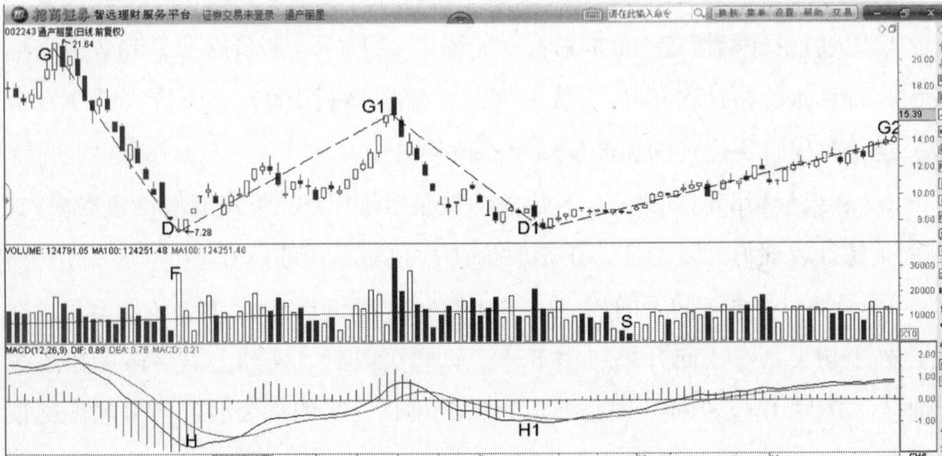

图1-8 通产丽星日K线

量能放大期间，放量回升一改地量弱势运行状态，确立价格活跃格局。

B. 低价区 MACD 触底：低价区 MACD 指标回调到位，技术性反弹推动指标企稳。MACD 指标在 0 轴线以下低位回升，预示价格表现趋于强势。

C. 股价 V 图超跌反转：价格在下跌期间显著超跌，跌幅超过 50%。量能放大和指标回升期间，股价出现反转走势。V 图反转形态就是在价格反弹的过程中确认。

操作要领

1. 从低价区出现地量底来看：如图 1－8 所示，低价区 S 位置出现了地量底部以后，股价已经触底。在量能放大期间，该股确认了 D1 位置的低价反转点。类似的，F 位置天量出现之前，该股也出现了地量底部。D 位置成为 V 图形态反转的起点。

2. 从低价区 MACD 触底来看：低价区 MACD 指标回调到位，技术性反弹出现在 H 位置。类似的反弹也在 H1 位置形成。MACD 指标的 DIF 线企稳，显示回落趋势中指标提示低价买点出现。

3. 从股价 V 图超跌反转来看：价格从 G 位置下跌期间超跌达 60%，价格回落到 D 以后出现技术性反弹。D 位置和 D1 位置都为地量低价的反弹起始点，同时成为 V 图形态出现的信号。

总结

股价超跌是牛市行情结束后常见的价格表现，超跌以后股价出现反弹，V 图形态就是在超跌反弹期间形成的。V 图出现以后，价格反弹的基本走势特征还将持续，V 图提示的价格上涨趋势将得到加强，盈利空间增加。

1.5 V图复杂组合形态

V图形态出现以后，价格很快进入V图确认的新的趋势中运行。通常，V图确认的价格趋势可以在较长时间内延续，而趋势延续的方式，可以是复杂的V图组合形态。比如回落趋势中，不同规模的V图组合形态出现，推动价格不断向新低价位运行。V图组合形态都以股价见顶回落完成，价格从短线高位不断完成V图形态，股价跌幅扩大，减少持股的交易机会不断出现。

1.5.1 V图同方向组合形态

牛市行情结束期间V图反转形态得到确认，价格将很快进入下跌趋势。典型的V图总是能够推动股价快速下跌。当股价下跌趋缓以后，反弹期间，还会出现局部调整期的V图形态，这也是推动股价下跌的因素。局部调整期的V图成为推动价格继续回落的形态，将长期压制股价。时隔一段时间就会出现的V图组合形态，成为股价继续下跌的推动形态。

形态特征

A. V图推动股价杀跌：牛市期间股价见顶以后，V图推动股价大幅杀跌。价格高位的V图成为股价超跌的推动因素。

B. 反弹期间出现低价区V图：高价区V图出现以后，股价经历杀跌走势。低价区出现技术性反弹，反弹结束以后高位 V 图形态出现，继续推动价格走低。

C. 弱势状态的回落 V 图出现：低价区的反弹空间减小，价格弱势反弹结束以后，股价在相对低位出现 V 图形态。量能低于 100 日等量线，V 图推动股价收盘价达到新低价位。

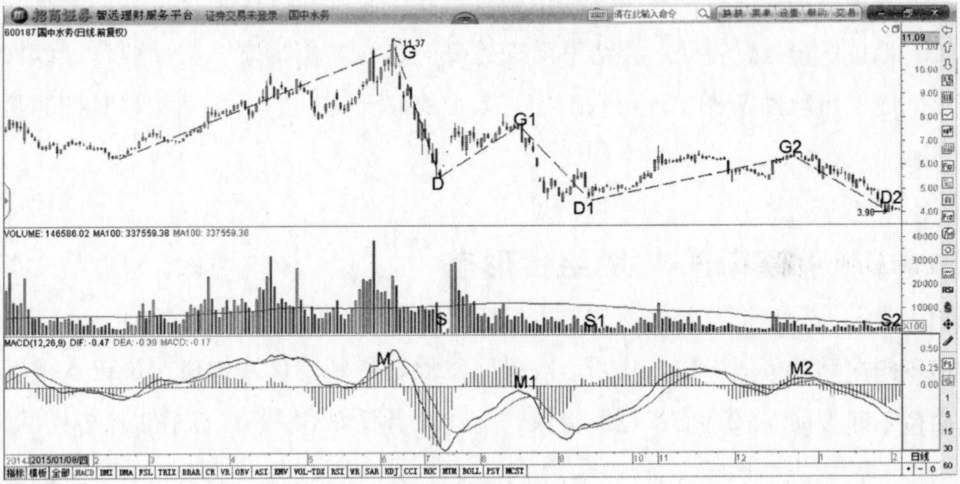

图 1－9　国中水务日 K 线

操作要领

1. 从 V 图推动股价杀跌来看：如图 1－9 所示，牛市期间股价见顶期间，V 图形态在 G 位置顶部确认后出现。V 图推动股价大幅杀跌到 D 位置，跌幅达 50%。价格高位的 V 图结束了牛市行情，是股价超跌的推动因素。

2. 从反弹期间出现低价区 V 图来看：高价区 V 图在 G 位置出现以后，股价经历杀跌走势。起始于 D 位置的技术性反弹中，股价回升到 G1 位置高位。G1 位置成为新的 V 图形态出现起点。当股价从 G1 回落到 D1 以后，可以看到 V 图 D－G1－D1 依然在促使股价下跌，V 图的组合形态正在扩展。

3. 从弱势状态的回落 V 图出现来看：低价区股价从 D1 反弹到 G2 位置，价格在此期间涨幅为 35%。MACD 指标同期弱势反弹到 M2 位置，与前期 M1

位置接近 0 轴线相似，DIF 线的弱势表现继续推动 V 图出现。股价在 G2 位置见顶，V 图 D1 - G2 - D2 也在这个时候得到确认。从 G 到 G1，再到 G2，结束回升趋势的 3 次 V 图组合形态，推动股价大幅回落到低价区 D2 位置。

总结

典型的 V 图形态若出现在牛市结束阶段，股价会进入 V 图推动的下跌趋势。低价区弱势反弹并不会结束下跌趋势，新的 V 图形态会推动股价继续回落。而熊市阶段 V 图出现次数增加，多个 V 图形态出现，推动价格长期弱势下跌。

1.5.2 调整期间 V 图组合形态

牛市行情结束以后，其间，V 图反转形态得到确认，价格同步进入下跌趋势。典型的 V 图形态推动股价快速下跌。当股价下跌趋缓以后，反弹期间，局部调整期的 V 图形态会出现。如果低价区的支撑很强，那么相似价位的支撑开始的反弹走势继续形成。这个时候，正是 V 图组合形态出现的时刻。

高价区的 V 图推动股价进入下跌趋势，股价暴跌之后，低价区出现频繁的 V 图形态。这个时候，低价区 V 图组合形态成为影响价格走势的基础形态。V 图组合形态的起点相似，终点止于短线高位，却不会达到牛市顶部价位。V 图组合形态推动了高频率反弹走势，为投资者短线盈利提供了机会。

形态特征

A. 低价区超跌反弹：低价区出现超跌反弹走势，股价短线涨幅加大。这个时候，交易机会出现在低价区买点位置。超跌反弹后，V 图改变价格下跌节奏，此时，盈利机会增多。

B. 低价区量能继续萎缩：股价在熊市期间下跌以后，价格频繁达到低价区。低价区的量能继续显著萎缩，股价从低价区的反弹并未结束。

C. V 图组合形态出现：V 图形态出现在熊市以后的低价区，股价从低价区反弹，反弹后出现的 V 图形态增加。V 图组合形态构成了低价区的价格横向运行形态。

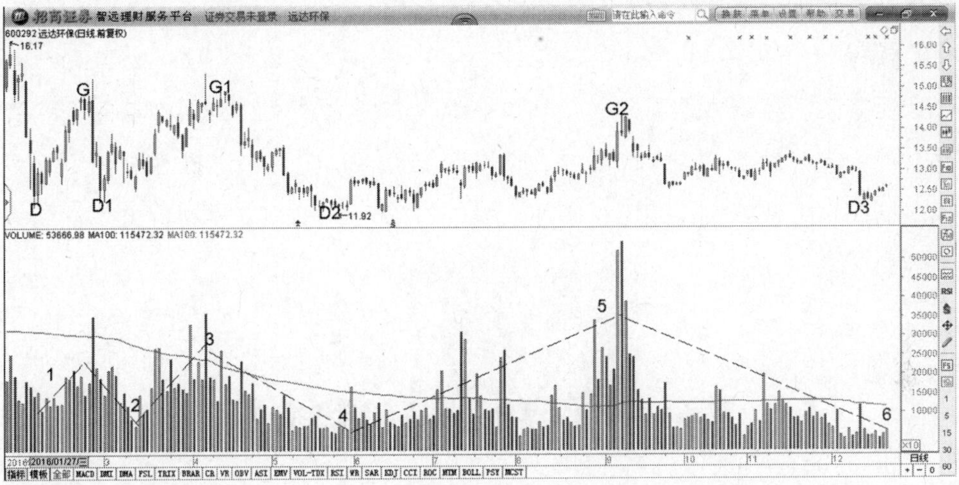

图 1－10　远达环保日 K 线

操作要领

1. 从低价区超跌反弹来看：如图 1－10 所示，低价区的超跌反弹起始于 D 位置，股价短线涨幅加大，该股飙升到 G 位置高位。这个时候，交易机会在反弹次数增加的过程中出现。超跌反弹后，V 图改变价格下跌节奏，此时盈利机会增多。

2. 从低价区量能继续萎缩来看：进入熊市以后，价格缩量回落到 D 位置，D1 和 D2 位置对应的量能在 2 和 4 位置显著萎缩。从 1 到 2 和 4 位置，成交量逐渐接近地量状态。该股从地量状态开始的反弹次数增多。

3. 从 V 图组合形态出现来看：V 图形态出现在熊市以后的低价区 D、D1 和 D2 位置。股价从低价区反弹后，低价区 V 图形态有 G－D1－G1、G1－D2－G2。低价区的 V 图出现次数增多，V 图组合形态确立底部支撑。

总结

股价进入低价区以后，价格继续下跌空间减小，从低价区开始的 V 图反弹形态出现。V 图形态出现，股价获得支撑后上涨。这种强势回升的情况出现的次数增加，活跃状态下的交易机会增多。

1.6 V 图和价格趋势分析

在熊市阶段，股价出现 V 图形态以后，价格获得支撑后开始加速上涨。不同的成交量推动的 V 图形态里，价格上涨的效率不同。连续放量的情况下，主力控盘股价的效率很高，价格上涨可以在单边回升趋势中延续。而脉冲量能推动的价格上涨速度慢一些，股价以波动行情冲高的形式上涨，对应的 V 图形态也比较清晰。

1.6.1 V 图加速运行趋势

进入熊市末期行情以后，V 图成为价格企稳的形态特征。在 V 图形态出现期间，股价加速回升，价格上行趋势逐步加强。即便股价出现调整情况，也是局部的回调走势，并不会改变股价上涨的节奏。V 图出现以后股价加速运行趋势中，主要的低价反转的 V 图非常清晰。价格上涨幅度越大，高价区的 V 图形态中股价回调空间越小，价格短线回调后就能够确立小型 V 图形态，从而支撑股价继续上行。

形态特征

A. RSI 指标超卖触底：当熊市中股价跌幅到位的时候，RSI 指标超卖触底，提示股价已经进入触底回升阶段。同时，预示着 V 图低价反转的走势将要开始，价格进入回升趋势。

B. 低价区 V 图改变回落趋势：低价区 V 图改变了价格回落趋势，在 RSI 指标超卖开始的 V 图反转形态里，股价上涨速度加快，低价买入的机会在减少。

C. 股价加速回升：低价区的 V 图形态出现后，股价加速回升，价格上涨速度加快，短线低价的 V 图规模减小。

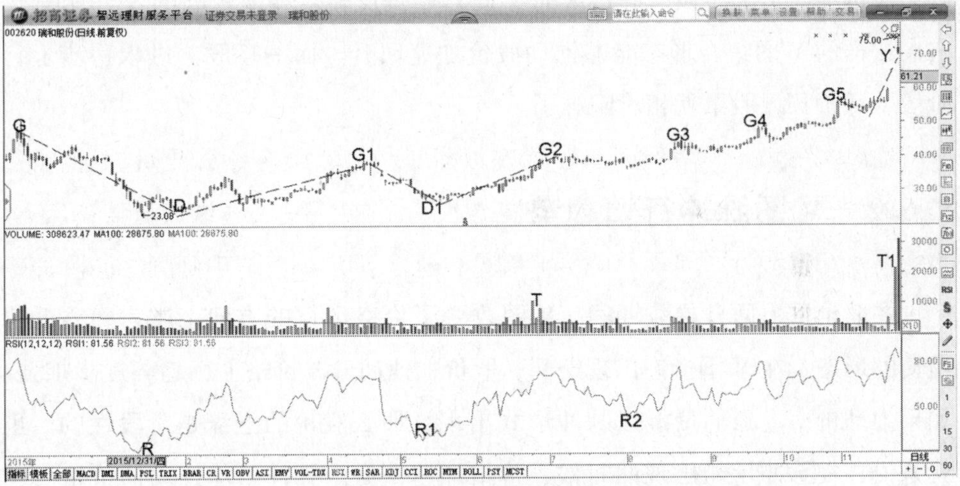

图 1－11　瑞和股份日 K 线

操作要领

1. 从 RSI 指标超卖触底来看：如图 1－11 所示，当熊市中股价已经从 G 位置跌到 D 位置的低点，同期 RSI 指标在 R 位置超卖触底，提示股价已经进入触底回升阶段。同时，预示着 V 图低价反转的走势出现。V 图 G－D－G1

便是价格回升期间的底部形态。

2. 从低价区 V 图改变回落趋势来看：低价区 V 图改变了价格回落趋势，在 RSI 指标超卖开始的 V 图反转形态里，股价上涨速度加快。价格飙升期间出现了典型的低价买入的机会 D1。之后该股回调空间较小，价格达到高位 G3、G4、G5，并且在 Y 位置一字涨停。

3. 从股价加速回升来看：股价加速回升期间，RSI 指标回调只达到 R1 和 R2 位置。T 和后期 T1 位置的脉冲量能推动价格上涨。该股从 G2 到 G3，G3 到 G4，G4 到 G5 之间存在 V 图低点。只是 V 图的低点并是不很低，相对高位的 V 图低点支持股价加速上涨。

总结

股价加速上涨阶段，高价区的 V 图起始是反转点相对较高的 V 图组合形态。这样的 V 图组合形态能够推动股价加速回升。而一旦股价进入稳步上行阶段，低价买入股票就相对困难了。

1.6.2 V 图脉冲行情趋势

在股价进入回升趋势期间，V 图改变了价格运行的方向，成为确立低价反转的形态。在 V 图形态出现期间，股价加速回升，价格上行趋势逐步加强。如果推动价格上涨的量能以脉冲形式出现，那么股价的上涨是阶段性的。也就是说，在脉冲量能出现的时候，价格加速回升。脉冲量能推动的价格更具节奏性，相应的，低价区开始的 V 图形态更加典型。确认 V 图形态的低价买点，可以在股价上涨期间盈利。

形态特征

A. 脉冲量能从低价区出现：脉冲量能从股价低价反弹期间开始，脉冲量能短时间内释放，推动股价加速上涨。V 图反转期间，脉冲量能存在时间长，决定了股价表现强势的时间也会相应延长。

B. RSI 指标频繁冲高：股价回升期间 RSI 指标部分调整，脉冲量能推动股价上涨，RSI 指标频繁冲高，支撑股价完成 V 图反转形态。

C. V 图反转创造盈利条件：V 图反转的次数在脉冲量增加的时候增多。V 图反转期间，股价低价反弹，调整仓位的投资者有更多低价买入股票的机会。

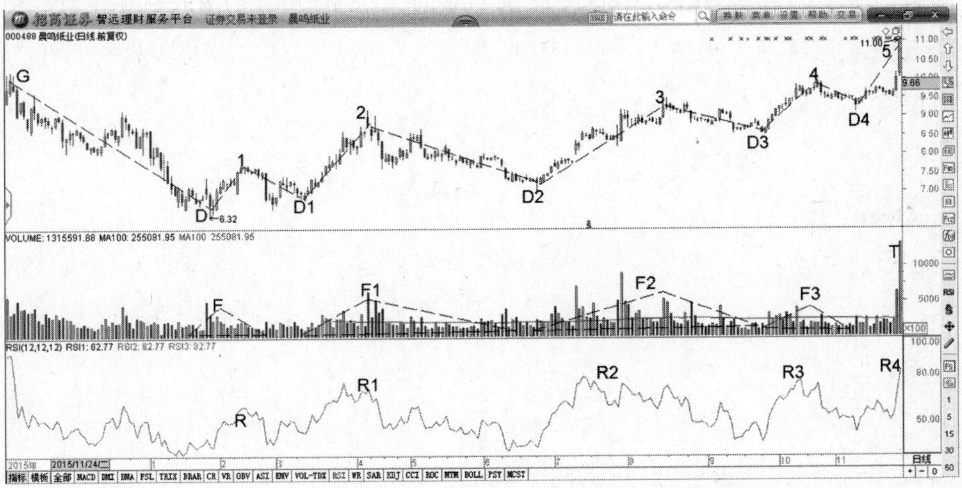

图 1-12　晨鸣纸业日 K 线

操作要领

1. 从脉冲量能从低价区出现来看：如图 1-12 所示，股价从高位 G 位置回调到 D 位置的时候，脉冲量能已经在 F 位置出现。接下来股价回升期间，F1、F2、F3 位置的脉冲量能继续形成，股价在反弹期间达到了 1、2、3、4 对应高位。

2. 从 RSI 指标频繁冲高来看：股价脉冲放量上涨期间，RSI 指标冲高到 R、R1、R2、R3。最后一次脉冲放量出现在 T 位置，RSI 指标达 R4 位置，股价飙升到 5。RSI 指标的强势上攻为价格走强提供了支撑。

3. 从 V 图反转创造盈利条件来看：在脉冲量增加的时候，V 图反转次数增多。最低价的V图反转是G－D－1。接下来V图形态是1－D1－2、2－D2－3、3－D3－4、4－D4－5。V图反转为价格频繁上涨提供了机会，反转后低价买点在D、D1、D2、D3、D4出现。

总结

V图出现次数增加，特别是在脉冲放量次数增多的时候，这种V图反转为买入股票创造了条件。在股价急速上涨前，脉冲放量的情况成为推动价格回升的主要动力。

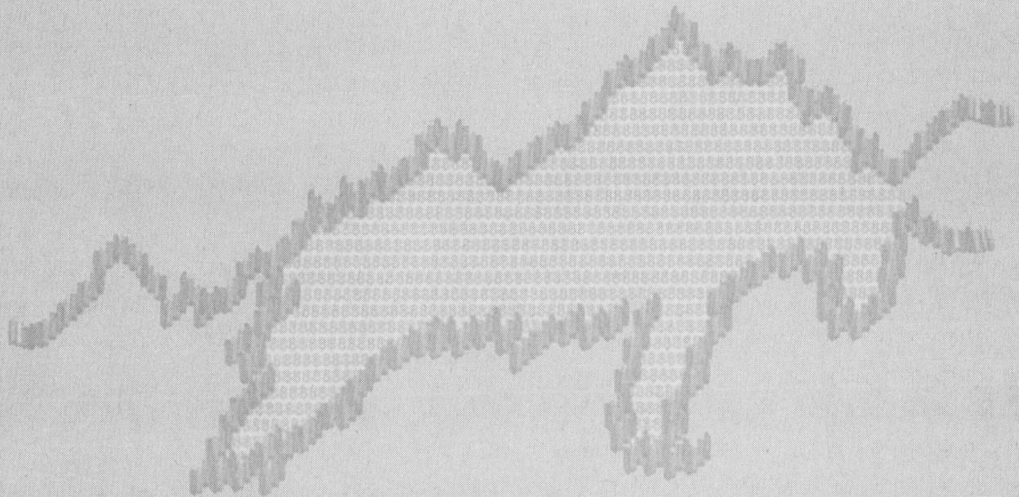

/ 第 2 章 /

单根 K 线 V 图趋势交易

分时图股价运行相对复杂，而价格异动期间，就会频繁出现 V 图反转走势。V 图反转是在价格反转期间出现，典型的 V 图形态出现在分时图中，为投资者低价买入和高价抛售提供了机会。研究 K 线复杂的 V 图前，关注盘口相对简单的 V 图形态，有助于投资者深入理解 V 图形态和其后的单边价格运行趋势。

本章介绍了非常典型的单一 K 线形态以及对应的盘口 V 图形式，为投资者学习 V 图交易创造条件。

2.1　盘口价格的 V 图表现

盘口股价波动频繁，从低价区开始的趋势往往是高位盘口 V 图，而从高价区开始的通常是低位盘口 V 图。高位盘口 V 图成为股价下跌的起始形态，该 V 图为价格下跌提供了形态基础，股价持续回落起始于高位盘口 V 图。而低价 V 图则是股价上涨的形态基础，提示股价持续回升前买入股票的机会。确认低价区盘口 V 图很重要，投资者能够获取廉价筹码，同时在价格上涨期间盈利。

2.1.1　低价盘口 V 图反转

盘口 V 图反转从低价区开始，那么 V 图就成为盘口股价上涨的起始形态。既然是低价区开始的 V 图，开盘股价就会经历回落走势。在股价回调幅度加大的时候，反弹指数出现，这是 V 图从低价区开始的起始信号。低价区的 V 图反转形态可以成为价格上涨的重要支撑形态，同时也是投资者建仓的价位。开盘不久出现的低价区买点值得投资者关注，这被视为 V 图反转形态提供的建仓交易机会。

形态特征

A. 股价低开下跌：价格走弱的时候，低开是多数股票会有的表现。低开以后股价会在开盘后继续回落，直到低价区出现反弹表现。

B. 开盘半小时出现反弹：开盘半小时股价获得支撑，短线回调后就出现反弹表现。开盘半小时内的反弹通常可以结束股价下跌趋势，成为盘口股价上涨的信号。而开盘半小时内的低价区，成为盘中股价上涨前的最低价。

C. V 图反转后价格回升：从开盘半小时内低价区开始反弹，股价进入上涨阶段，V 图形态就在这个时候出现。低价区 V 图支撑股价上涨，这种回升趋势能够延续到收盘。也就是说，股价表现为低开回落后尾盘上涨的盘口形态。

图 2－1　银轮股份分时图

操作要领

1. 从股价低开下跌来看：如图 2－1 所示，价格开始走弱的时候，该股在 G 位置出现低开。这是多数股票会有的表现。低开以后股价会在开盘后继续回落到 D 位置，该股已经在开盘半小时内放量触底。

2. 从开盘半小时出现反弹来看：开盘半小时股价在 D 位置获得支撑，短线回调后就出现反弹。开盘半小时内的反弹结束股价下跌趋势，成为接下来股价上涨的信号。而开盘半小时内的低价 D 位置，是比较典型的买点。

3. 从 V 图反转后价格回升来看：开盘半小时内股价触底回升，V 图形态的反转起始点出现在 D 位置。V 图提示的反转和接下来价格上涨趋势中，该股上涨持续到尾盘 G1 位置。从盘口的价格表现来看，股价低开回调后反弹上涨，呈现出 V 图反转和价格持续回升的状态。

总结

盘口股价在 V 图推动下开始走强，尾盘价格涨幅扩大，同样也是 V 图推动的结果。V 图不仅是反转形态，也是回升趋势延续的推动因素。V 图规模扩大，股价涨幅扩大的时候，回升趋势中交易机会也在增多。

2.1.2　高价盘口 V 图反转

盘口 V 图反转从高价区开始，那么 V 图就成为盘口股价回落的起始形态。既然是高价区开始的 V 图，开盘股价就会经历冲高回落走势。在股价反弹幅度加大的时候，回落这时出现，这是 V 图从高价区开始的起始信号。高价区的 V 图反转形态可以成为价格回落的重要压制形态，同时也是投资者卖掉股票的价位。开盘不久出现的高价区卖点值得投资者关注，这被视为 V 图反转形态提供的减仓交易机会。

形态特征

A. 股价高开下跌：价格走强的时候，高开是多数股票会有的表现。高开以后股价会在开盘后冲高回落，从而确立回落趋势。

B. 开盘半小时出现高位回落：开盘半小时股价遇到反弹阻力，短线反弹后就出现回落表现。开盘半小时内的高位回调可以结束股价上涨趋势，成为盘口股价下跌的信号。而开盘半小时内的高价区，成为盘中股价回落前的最高价。

C. V 图反转后价格回落：从开盘半小时内高价区开始回落，股价进入下跌阶段，V 图形态就在这个时候出现。高价区 V 图压制股价回落，这种回落趋势能够延续到收盘。也就是说，股价表现为反弹回落后尾盘跌幅扩大的盘口形态。

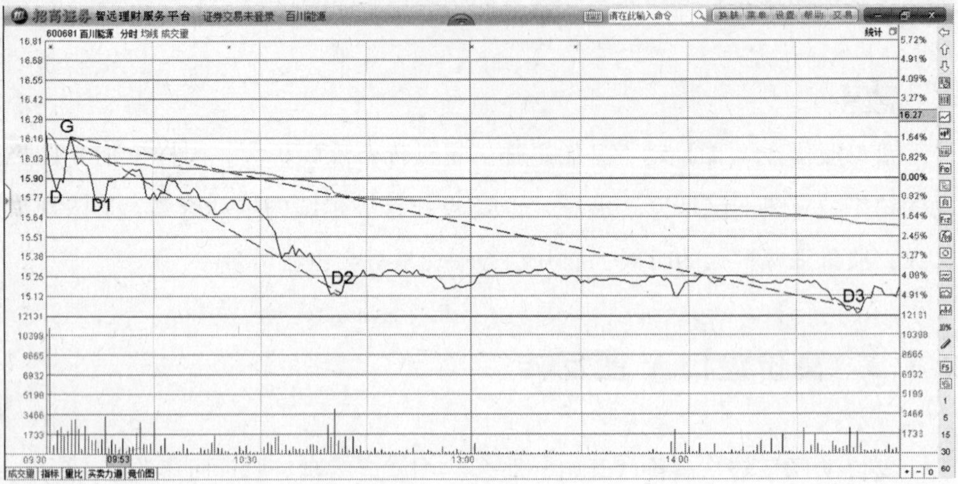

图 2－2　百川能源分时图

操作要领

1. 从股价高开下跌来看：如图 2－2 所示，价格走强的时候，该股出现了高开表现。高开以后股价回调到 D 位置，价格弱势表现出现。

2. 从开盘半小时出现高位回落来看：开盘半小时股价反弹到 G 位置，价格遇到阻力后开始回落。短线反弹后就出现回落表现，开盘半小时内股价从 G 位置回调到 D1 位置的低点。这个时候，该股已经确立弱势表现。

3. 从 V 图反转后价格回落来看：开盘半小时内 V 图表现为 D－G－D1 形态。高价区开始的回落中，股价进入 V 图后单边下跌阶段。V 图形态推动股价下跌到 D2 位置，并且股价继续回落到尾盘的 D3 位置。V 图反转推动的价格回落出现在尾盘，而典型的卖点则是出现在开盘后的高位 G。

总结

盘口股价在 V 图推动下开始走弱，尾盘价格跌幅扩大，同样也是 V 图推动的结果。V 图不仅仅是反转形态，也是回落趋势延续的推动因素。V 图规模扩大，股价跌幅扩大的时候，回落趋势中更好的卖点减少。

2.2　光头光脚阴线 V 图

日 K 线图中，阴线可以成为 V 图开始的信号，是股价开始加速回落的起始形态。而从盘口来看，阴线形态表现出明显的单边回落形态，从盘口来看，盘口的 V 图形态里价格从开盘后单边回落，并不会出现明显的反弹。但是，这并不影响 V 图形态推动的价格下跌趋势延续。

2.2.1　光头光脚阴线 V 图特征

光头光脚的阴线形态里，股价在盘口开盘价格就是盘中最高价。从最高价位开始，股价进入单边回落趋势。在价格回落的过程中，直到收盘前可以确认盘中最低价。实际上，阴线形态是起始点和 V 图反转点相同的 V 图反转形态。盘口也是 V 图反转形态，只是股价的 V 图回升趋势起始点在开盘价位，而 V 图形态出现的位置也是开盘价位。股价从开盘价开始走低，价格出现单边回落的情况。

形态特征

A. 开盘出现最高价卖点：如图 2－3 所示，开盘出现了最高价卖点 A，开盘价是 V 图开始反转前的回升趋势起点，同时也是回升趋势向回落趋势转换的起点。盘口股价单边回落，却也是 V 图形态的特征。

B. 盘中股价单边回落：从开盘价开始，股价出现单边回落的情况。随着价格单边回落中跌幅扩大，高抛交易机会也在减少。

C. V 图最低价出现在收盘价位：盘口股价单边下跌期间，收盘价出现最低价位。股价跌幅扩大以后，尾盘低价的买点 B 虽然低，但是 V 图反转持续到尾盘，价格下跌趋势确立。

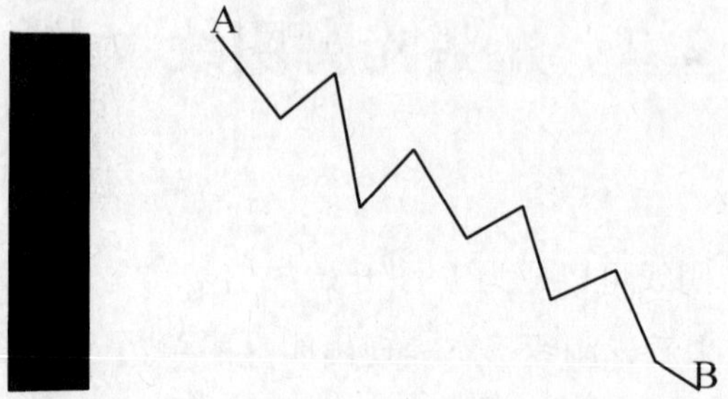

图 2－3　阴线形态特征

2.2.2　光头光脚阴线 V 图案例

光头光脚大阴线形态里，盘口股价已经出现高开回落的情况。在盘口中，并不存在价格明显回升的动作，但是开盘回落的起点已经出现在开盘，而盘中股价单边下跌，V 图转换后的下跌趋势得到延续。从日 K 线来看，前期股价出现了回升情况，价格上涨后确认 V 图高位。随着盘口股价高开回落，大阴线形态推动的下跌走势出现，股价进入 V 图反转后回落趋势。V 图的顶部出现在盘口开盘阶段，而下跌期间低价位出现在尾盘。

形态特征

A. 日K线股价短线反弹：日K线图中股价处于回升阶段，短线上涨的时候，价格达到高位，确立了强势格局。

B. 盘口股价高开回落：盘口股价虽然强势高开，但是在量能萎缩的情况下，股价单边杀跌，快速逆转回升趋势，促使阴线反转走势出现。

C. V图形态在日K线确认：V图形态在日K线确认以后，价格以大阴线作为起点的V图反转完成。V图反转期间，股价跌幅扩大，抛售机会在大阴线确认的时候开始。

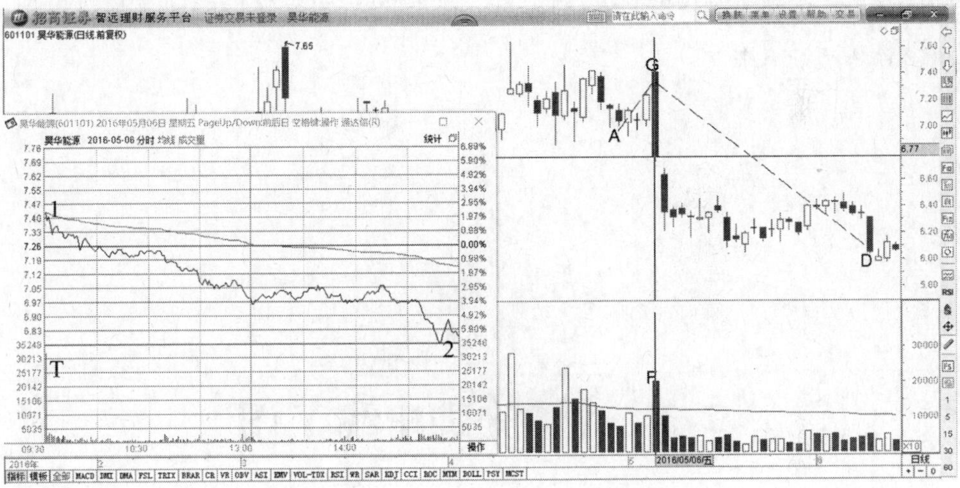

图2-4　昊华能源分时图和日K线图

操作要领

1. 从日K线股价短线反弹来看：如图2-4所示，日K线图中股价从A位置反弹，短线上涨期间，价格达到高位G，确立了强势格局。

2. 从盘口股价高开回落来看：盘口股价在1位置强势高开，但是量能只在T位置瞬间放大，接下来在成交量萎缩的情况下，股价单边杀跌到2位置，快速逆转回升趋势，促使阴线反转走势出现。

3. 从V图形态在日K线确认来看：V图形态在日K线确认以后，价格以大阴线作为起点的 V 图反转完成。V 图反转期间，股价跌幅扩大，抛售机会在大阴线确认的时候开始。光头光脚的阴线 V 图可以看作是 V 图的一部分，前一部分股价上涨阶段在日 K 线图中完成，盘口股价高开回落，确立了单边回落趋势。

总结

光头光脚阴线出现在股价高开阶段，是破坏性极强的 K 线形态，能够在一个交易日内逆转价格趋势，特别是股价表现为短线反弹的时候，光头光脚大阴线形态出现成为 V 图反转的起点。接下来 V 图反转后的回落趋势出现，价格跌势延续下来。

2.3 光头光脚阳线 V 图

日 K 线图中，阳线可以成为 V 图开始的形态，是股价开始加速回升的起始形态。而从盘口来看，阳线形态表现出明显的单边回升形态。从盘口来看，股价 V 图形态里价格从开盘后单边回升，并不会出现明显的调整。也就是说，股价在盘口单边上涨的时候，已经处于 V 图反转后的回升阶段。

2.3.1 光头光脚阳线 V 图特征

光头光脚的阳线形态里，股价在盘口开盘价格就是盘中最低价。从最低价位开始，股价进入单边回升趋势。在价格回升的过程中，直到收盘前可以确认盘中最高价。实际上，阳线形态是起始点和 V 图反转点相同的 V 图反转形态。盘口也是 V 图反转形态，只是股价的 V 图回升趋势起始点在开盘价位，而 V 图形态出现的位置也是开盘价位。股价从开盘价开始上涨，价格呈现出单边回升的情况。

形态特征

A. 开盘出现最低价买点：如图 2－5 所示，开盘出现了最低价买点 A，开盘价是 V 图开始反转前的回升趋势起点，同时也是回落趋势向回升趋势转换的起点。盘口股价单边回升，却也是 V 图形态的特征。

B. 盘中股价单边回升：从开盘价开始，股价出现单边回升的情况。随着价格单边回升中涨幅扩大，低吸交易机会也在减少。

C. V 图当日最高价出现在收盘价位：盘口股价单边回升期间，收盘价出现当日最高价位。股价涨幅扩大以后，尾盘低价的买点 B 虽然也较低，但是已是当日最高价位，V 图反转持续到尾盘，价格上涨趋势确立。

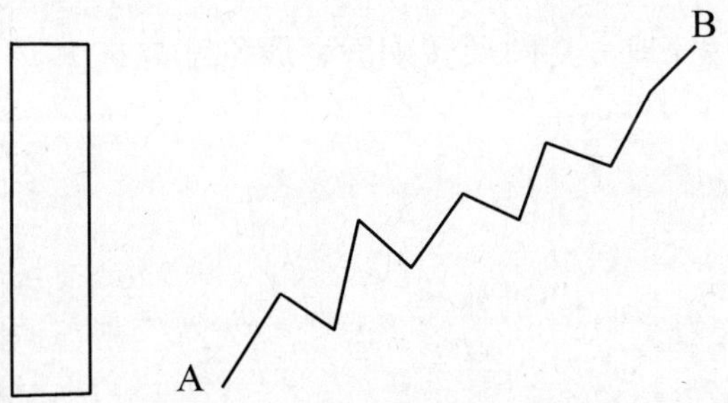

图 2－5　阳线形态特征

2.3.2 光头光脚阳线 V 图案例

光头光脚大阳线形态里，盘口股价已经出现高开的强势表现。盘口中，并不存在价格明显回调的动作，开盘回升的起点已经出现在开盘，而盘中股价单边上涨，V 图转换后的回升趋势得到延续。从日 K 线看，前期股价出现了回落的情况，价格下跌后确认 V 图低位。随着盘口股价高开回升，大阳线形态推动的回升走势出现，股价进入 V 图反转后上涨趋势。V 图的底部出现在盘口开盘阶段，而回升期间高价位出现在尾盘。

形态特征

A. 日 K 线股价短线杀跌：日 K 线图中股价处于回落阶段，短线杀跌的时候，价格达到低位，确立了弱势格局。

B. 盘口股价高开回升：盘口股价强势高开，成交量稳定以后，股价单边回升，快速逆转日 K 线的回落趋势，促使阳线反转走势出现。

C. V 图形态在日 K 线确认：V 图形态在日 K 线确认以后，价格以大阳线作为起点的 V 图反转完成。V 图反转期间，股价涨幅扩大，买点机会在大阳线确认的时候形成。

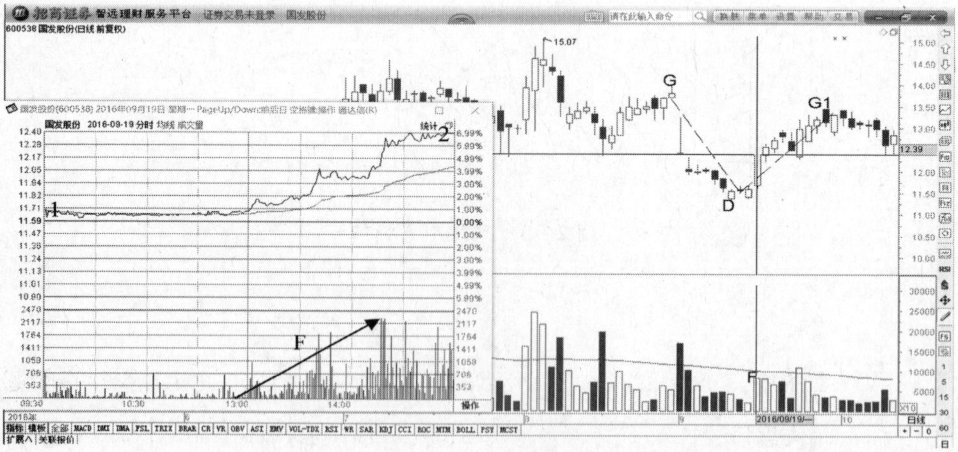

图 2-6 国发股份分时图和日 K 线图

操作要领

1. 从日 K 线股价短线杀跌来看：如图 2－6 所示，日 K 线图中股价处于回落阶段，股价从 G 位置杀跌到 D 位置的时候，价格达到低位，确立了回落趋势。

2. 从盘口股价高开回升来看：盘口股价在 1 位置强势高开，成交量稳定以后，股价在下午盘单边回升。F 位置的显著放量状态持续，股价快速逆转日 K 线的回落趋势，促使阳线反转走势出现。

3. 从 V 图形态在日 K 线确认来看：V 图形态在分时图确认以后，价格以大阳线作为起点的 V 图反转完成。V 图反转期间，股价涨幅扩大到 G1 位置，买点机会在大阳线确认的时候形成。

总结

光头光脚阳线出现在股价高开阶段，是突破效果非常好的 K 线形态，能够在一个交易日内逆转价格回落趋势，特别是股价前期表现不够强势的时候，光头光脚大阳线形态的出现成为 V 图反转的起点。接下来 V 图反转后的回升趋势出现，价格上涨延续下来。

2.4　下影线阴线 V 图

日 K 线图中，阴线可以成为 V 图开始的信号，是股价开始加速回落的起始形态。而从盘口来看，阴线形态表现出明显的单边回落形态。不过收盘前，可以看到股价还是会出现反弹的情况。也就是说，收盘以后可以看到出现了带下影线的阴线形态。下影线阴线同样具有很强的破坏性，能够逆转价格回升趋势，成为V图反转的起始形态。

2.4.1 下影线阴线V图特征

带有下影线阴线的K线形态里，股价在盘口开盘价格就是盘中最高价。从最高价位开始，股价进入单边回落趋势。在价格回落的过程中，直到收盘前可以确认盘中最低价。实际上，下影线阴线形态是起始点和V图反转点相同的V图反转形态。V图反转走势是从开盘股价下跌开始。虽然尾盘价格并未收盘在最低价，但是阴线对价格回落趋势的确认毋庸置疑。

形态特征

A. 开盘出现最高价卖点：如图2-7所示，开盘出现了最高价卖点A，开盘价是V图开始反转前的回落趋势起点，同时也是回升趋势向回落趋势转换的起点。

B. 盘中股价单边回落：从开盘价开始，股价出现单边回落的情况。随着价格回落中跌幅扩大，高抛交易机会也在减少。

C. V图最低价出现在收盘前：盘口股价单边下跌期间，收盘前出现最低

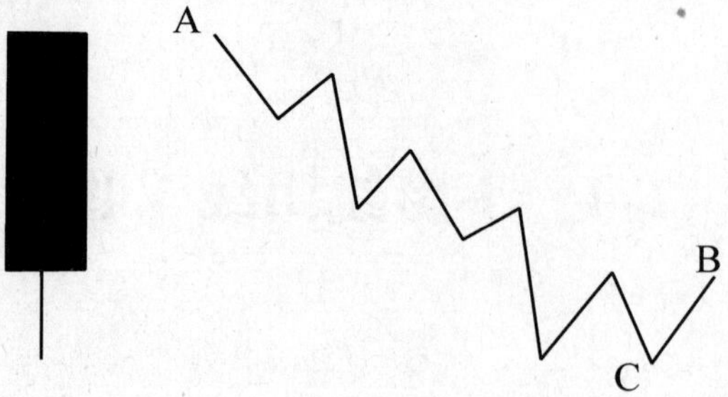

图2-7 下影线阴线特征

价位。股价跌幅扩大以后，尾盘低价的买点 C 虽然低，但是 V 图反转持续到收盘，收盘价 B 并不高，表明 V 图后价格下跌趋势延续。带有下影线的阴线可以推动股价进入回落趋势。

2.4.2　下影线阴线 V 图案例

单边回落的阴线形态可以快速逆转价格回升趋势，而带有下影线的阴线形态有同样的效果，也是改变价格运行方向的 K 线形态。如果下影线 K 线的阴线出现在日 K 线图中，那么股价回落就持续下来。盘口股价单边回落，收盘前股价只出现有限反弹，才使得下影线的阴线形态跌破了回升趋势。从实际的破坏效果来看，下影线较长的阴线同样具备破坏效率。改变日 K 线股价回升趋势，从带有下影线的阴线开始。V 图形态就是在这种阴线出现期间完成，而 V 图后股价单边回落的趋势也在这个时候开始。

形态特征

A. 日 K 线股价短线杀跌：日 K 线图中股价前期处于回升阶段，不过股

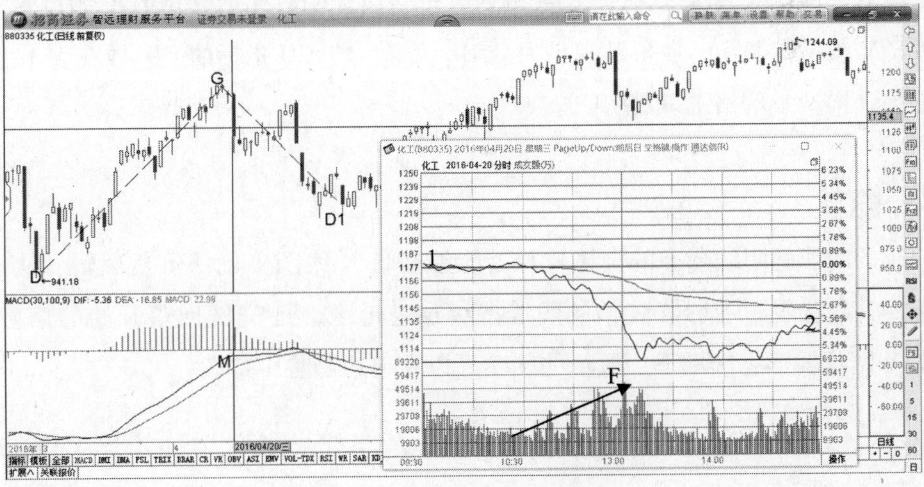

图 2－8　化工指数分时图和日 K 线图

价短线杀跌的时候，价格达到短线低位，回落趋势明显。

B. 盘口股价杀跌反弹：盘口股价杀跌以后出现反弹走势，但是反弹空间有限，价格已经明显回落，下跌趋势难以改变。盘口低价区反弹为技术性反弹，收盘股价跌幅较大，盘口股价下跌推动日K线回落趋势形成。

C. V图形态在日K线确认：带有下影线的阴线形态出现以后，股价V图形态在日K线确认，价格以大阴线作为起点的V图反转完成。V图反转期间，股价跌幅扩大，卖点机会在大阴线确认前出现。

操作要领

1. 从日K线股价短线杀跌来看：如图2-8所示，日K线图中股价前期处于回升阶段，价格从D位置回升到G位置的高位。而短线杀跌的时候，价格在G位置快速回落，回落趋势明显。

2. 从盘口股价杀跌反弹来看：盘口股价从1位置开始快速杀跌以后，F位置的量能充分放大，该股以放量形式下挫。低价区虽然股价尾盘反弹到2，但是盘口回落趋势还是出现了。

3. 从V图形态在日K线确认来看：带有下影线的阴线形态出现在G位置以后，股价V图形态在日K线确认，价格以大阴线作为起点的V图反转完成。V图反转期间，股价跌幅扩大到D1位置。MACD指标的DIF线在M位置见顶，推动了价格下跌趋势。

总结

下阴线的阴线形态的实体较长，能够在日K线图中确认价格反转。从短线回升趋势看，下影线较长的阴线持续在高价区，是V图回落开始的信号。在V图反转形态推动下，股价的回落可以在单边趋势中持续。

2.5　下影线阳线 V 图

带有下影线的阳线形态里，股价表现为阳线实体很长的突破形态。价格能够有效突破压力，并且逆转股价日 K 线中的回落趋势。从实盘交易效果来看，低开探底的阳线形态更具有反转意义。下影线提供了支撑信号，而阳线形态能够突破压力位。随着突破有效完成，V 图形态的反转开始出现，股价进入稳步回升阶段。

2.5.1　下影线阳线 V 图特征

下影线阳线 V 图形态里，股价触底回升的特征非常明显。虽然股价出现了低开表现，但是盘中股价触底回升，价格自然获得支撑上涨。如果低开阳线的实体很长，并且有较长的下影线，推动价格上涨就很容易做到。带有下影线的阳线形态完成以后，股价获得支撑加速上涨。形态上的阳线和价格连续回升走势出现以后，股价上涨趋势将得到延续。

形态特征

A. 开盘出现低开表现：如图 2－9 所示，开盘出现了低价买点 A，但是 A 并非盘中最低价位，抛售压力释放的时候，还会有更低的买点出现。

B. 盘中触底回升：从开盘价开始，股价出现低开持续回落的情况。随着价格在盘中跌幅扩大，低价的买点机会出现。确认这一点非常重要，使得投资者能够在更低的买点上建仓。

C. 低价阳线确认 V 图反转：盘口股价低开回落期间，盘中低点已经是典型的建仓价位。股价跌幅扩大以后，投资者若能够在盘中低位买入股票，那么随着涨幅扩大，股价在尾盘收盘大幅上涨的时候，V 图反转形态出现。盘口 V 图是确认价格强势的信号，同时也是日 K 线确认低价买点的信号。

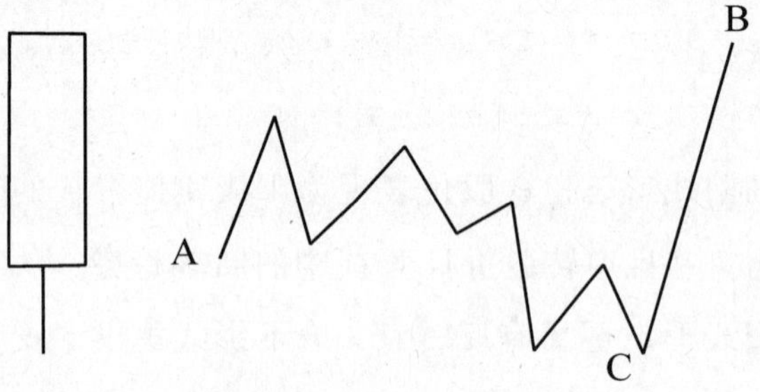

图 2－9　下影线阳线特征

2.5.2　下影线阳线 V 图案例

日 K 线图中，阳线可以成为 V 图开始的信号，是股价开始加速回落的起始形态。而从盘口来看，阳线形态表现出明显的低开回升特征。在收盘前，可以看到股价还是会出现一定的涨幅，使得低开大阳线形态出现。

阳线反弹的走势中，股价低开后先触底，然后才会止跌回升。日 K 线形态上，虽然是阳线形态，但是带有明显的下影线。股价进入回升趋势以后，日 K 线图的 V 图反转得到确认。低开带有下影线的阳线形态能够显著推动价格上涨，为投资者提供低价买入股票的信号。

形态特征

A. 日 K 线股价短线杀跌：日 K 线图中股价处于回落阶段，股价短线持续回落的时候，价格很快达到短线低位。

B. 盘口股价低开反弹：盘口股价低开以后继续回落，价格在开盘半小时内触底回升，确立了盘口上涨趋势。尾盘股价收盘上涨，并且相对盘中低价有明显回升，确立了日 K 线低开阳线形态。

C. V 图形态在日 K 线确认：带有下影线的阳线形态出现以后，股价 V 图形态在日 K 线确认，价格以大阳线作为起点的 V 图反转完成。V 图反转期间，股价涨幅扩大，买点机会在大阳线确认前出现。

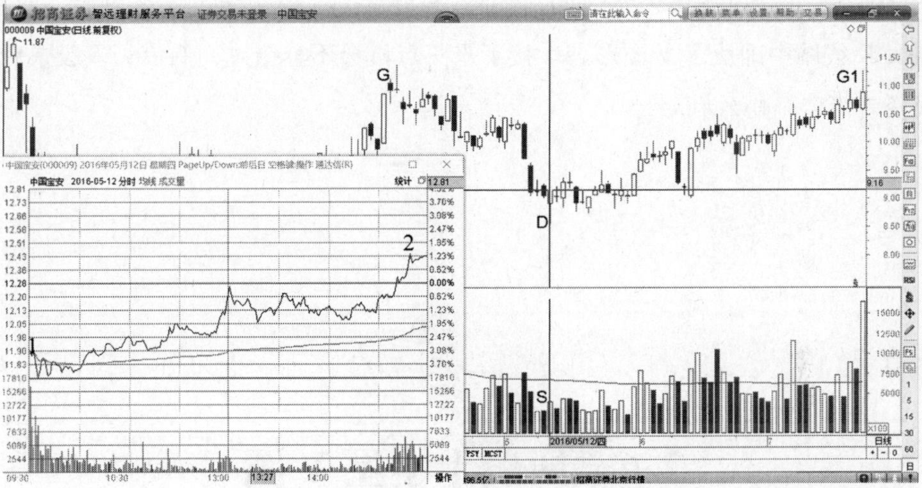

图 2－10　中国宝安分时图和日 K 线图

操作要领

1. 从日 K 线股价短线杀跌来看：如图 2－10 所示，日 K 线图中股价从 G 回落到 D，股价短线持续回落的时候，量能在 S 位置显著萎缩，提示股价跌幅到位。

2. 从盘口股价低开反弹来看：盘口股价在 1 位置低开以后继续探底，股价探底回升以后连续拉升，尾盘该股实现了一定涨幅。价格在 2 位置的收盘上涨提示投资者，交易机会已经出现了。该股在盘口触底回升，低开阳线形态形成。阳线形态对于改变回落趋势至关重要。

3. 从V图形态在日K线确认来看：带有下影线的阳线形态出现在D位置以后，股价V图形态在日K线确认。价格以大阳线作为起点的V图反转中，股价飙升到G1位置的价格高位，涨幅已达20%。下影线阳线对V图的出现非常重要，成为V图形成和买入股票的信号。

总结

盘口股价低开的反弹形态出现的概率很大，同时，在前期日K线图股价回落阶段，这种低开阳线改变了股价下跌节奏。这样一来不仅在盘口，而且在日K线图中确认了V图形态。接下来买点机会不容错过，低价买入股票后，投资者可以轻松盈利。

2.6 阴线十字星V图

阴线十字星V图形态里，股价在小幅高开的情况下冲高回落，经过比较大的回调以后，收盘股价慢慢跌幅收窄。日K线图中，表现为十字星形态。阴线形态十字星里，首先阴线下跌是表明股价指数较弱，而十字星的形态特征体现了价格具有反转的特征。十字星形态出现在价格高位的话，将成为股价加速杀跌的形态。如果盘整十字星的卖点形成，V图反转形态就可以得到确认，相应的高抛交易机会需要在短时间内完成，才能减少损失。

2.6.1　阴线十字星 V 图特征

阴线十字星形态里，股价虽然开盘可以出现上涨，但是开盘以后股价并不强势。股价表现为冲高回落的特征。而低价区的支撑也是存在的，使得股价收盘期间也不会出现明显的跌幅，而是以小幅度下跌的形式完成了十字星形态。十字星形态的阴线特征非常重要，这是股价趋势出现的信号，同时意味着日 K 线回升趋势的反转。

形态特征

A. 开盘股价高开运行：如图 2－11 所示，开盘股价高开在 A 位置，而后股价冲高到 C 位置，显示出股价短线强势的特征。

B. 盘中股价冲高回落：开盘价高开冲高回落以后，股价出现单边回落的情况。价格在盘中杀跌到 D 位置的时候，跌幅已经快速扩大。股价表现为弱势，开盘反弹到 C 位置是持续时间不长的价格表现。

C. 触底回升收盘完成十字星：盘口股价冲高失败的情况下，股价进入单边下跌趋势。收盘前股价触底回升，收盘价实现一定的回升以后，股价十字星形态出现。高开形式的十字星具有很强的顶部特征，预示着价格反转。

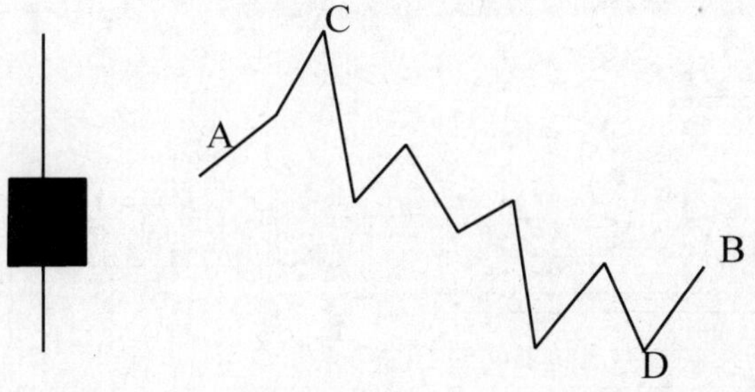

图 2－11　阴线十字星特征

2.6.2 阴线十字星 V 图案例

阴线十字星 V 图出现在日 K 线股价连续上涨的情况下，是单边回升趋势结束的信号。以单边回升的十字星作为起始点，V 图反转形态出现。股价不仅在盘口完成了十字星下跌走势，而且在日 K 线图中验证了 V 图反转。十字星是 V 图反转的起始形态，接下来股价单边回落，典型的高抛卖点其实已经出现在十字星位置。

形态特征

A. 日 K 线股价单边回升：日 K 线图中股价处于回升阶段，股价短线持续回升的时候，价格很快达到较高价位。

B. 盘口股价高开回落：盘口股价高开回落以后，价格表现得非常弱势。这个时候，虽然股价存在盘口双向震荡，但是弱势表现依然存在，收盘价回落表明价格下跌趋势出现。

C. V 图形态在日 K 线确认：带有影线十字星形态出现以后，股价 V 图形态在日 K 线确认。十字星形态作为起点的 V 图反转完成。V 图反转期间，股价小幅回调，卖点机会在十字星出现的过程中存在。

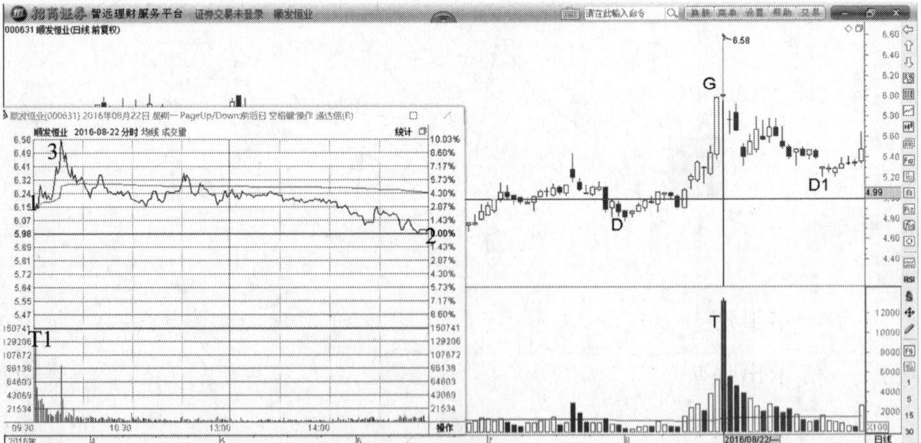

图 2－12　顺发恒业分时和日 K 线图

操作要领

1. 从日 K 线股价单边回升来看：如图 2－12 所示，日 K 线图中股价处于回升阶段，股价从 D 回升到 G 的时候，价格已经出现加速飙升的大阳线形态。

2. 从盘口股价高开回落来看：盘口股价在 1 位置高开后冲高到 3 位置回落。开盘 T1 位置天量见顶，股价在盘中双向震荡，但是收盘在 2 位置的时候，十字星形态已经完成。

3. 从 V 图形态在日 K 线确认来看：带有影线十字星形态出现以后，股价 V 图形态在日 K 线 G 位置确认。十字星形态作为起点的 V 图反转完成。V 图反转期间，股价很快杀跌到 D1。作为局部调整，这种单边下跌的情况值得投资者关注。

总结

十字星提供了非常典型的反转信号，是趋势逆转的起始形态。而 V 图中，以十字星作为顶部形态的反转走势中，投资者需要密切关注交易机会。十字星 V 图形态是典型的组合形态，单边下跌走势出现前，可以被多数投资者确认。

2.7　阳线十字星 V 图

阳线十字星形态里，股价虽然开盘阶段波动不大，但是开盘以后股价冲高回落，显示出强势波动的特征。股价表现出来冲高回落的特征。而成交量处于相对高位，表明股价有一定的活跃度。低价区的支撑也是存在的，使得股价收盘前出现了触底回升的走势，而价格形态上完成了十字星形态。十字星形态的阳线特征非常重要，这是趋势开始反转的信号，同时意味着低价区买点出现在十字星位置。

2.7.1 阳线十字星 V 图特征

阳线十字星形态里，股价虽然开盘可以出现高开，但是开盘以后股价并不强势。股价表现出来冲高回落的特征。而低价区的支撑也是存在的，使得股价收盘期间也不会出现明显的跌幅，而是以小幅度下跌的形式完成了十字星形态。十字星形态的阳线特征非常重要，这是股价趋势出现反转的信号，意味着日 K 线回升趋势的确立。

形态特征

A. 股价平淡开盘运行：如图 2－13 所示，股价开盘在 A 位置以后，开盘后股价探底 C 位置的低点，股价出现开盘后探底回升走势。

B. 盘中股价冲高回落：盘中股价冲高回落以后，股价波动频率增加，但是涨跌幅度并不大，是一次双向震荡的格局，体现了多空双方的势均力敌。

C. 双向震荡十字星完成：盘口股价探底回升，盘中股价冲高回落，收盘在 B 位置，价格局部有一定涨幅，但是涨幅不大。K 线形态上，构成了图中左侧显示的阳线十字星形态。阳线十字星出现在日 K 线低价区，表明 V 图反转信号出现。

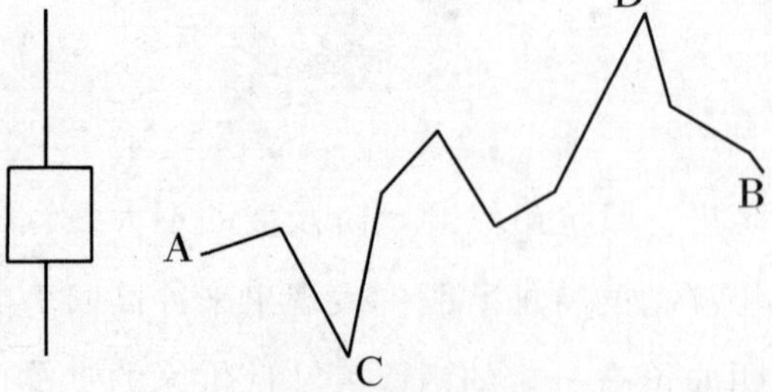

图 2－13 阳线十字星特征

2.7.2　阳线十字星 V 图案例

阳线十字星 V 图出现在日 K 线股价连续回落的情况下，是单边回升趋势结束的信号。在单边回落期间，低价区的十字星作为起始点，成为 V 图反转走势开始的信号。股价不仅在盘口完成了触底过程，而且在日 K 线图中验证了 V 图底部信号，证明 V 图反转指数出现。十字星是 V 图反转的起始形态，接下来股价单边回升，典型的低价买点其实已经出现在十字星位置。

形态特征

A. 日 K 线股价单边回落：日 K 线图中股价处于回落阶段，股价短线持续回落幅度较大，价格很快达到短线低位。

B. 盘口股价震荡触底：低价区盘口股价高开双向震荡，量能处于相对高位的时候，价格表现出强势特征。这个时候，多空实力趋于平衡，价格震荡完成十字星确认股价触底。

C. 低价 V 图形态在日 K 线确认：带有影线的十字星形态出现以后，股价 V 图形态在日 K 线确认。十字星形态作为起点的 V 图反转完成。V 图反转期间，股价进入回升阶段，买点交易机会出现。

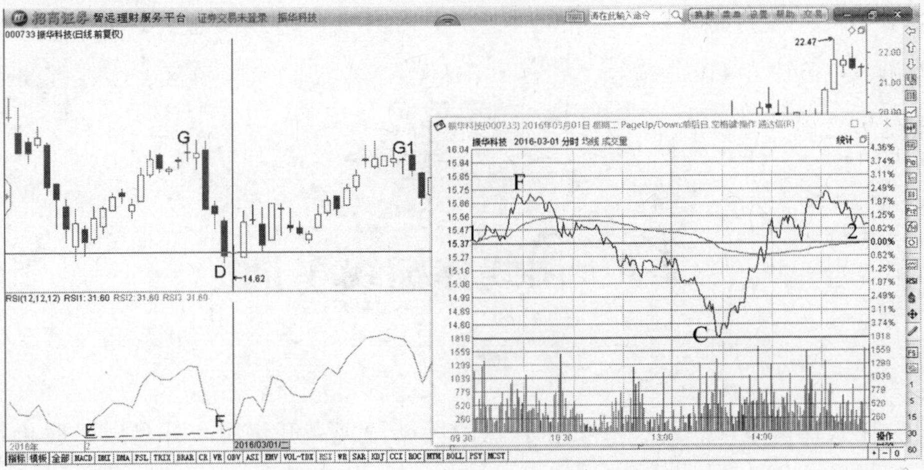

图 2－14　振华科技分时图和日 K 线图

操作要领

1. 从日 K 线股价单边回落来看：如图 2－14 所示，日 K 线图中该股股价处于回落阶段，该股股价从 G 位置回落到 D 位置，股价很快达到短线低位。

2. 从盘口股价震荡触底来看：低价区盘口股价高开双向震荡，股价在 1 位置开盘以后，该股冲高到 F 位置失败，并且在下午盘 C 位置触底。收盘最终达到 2 位置，该股小幅上涨收盘。盘口股价双向震荡期间，十字星形态完成。

3. 从低价 V 图形态在日 K 线确认来看：带有影线的十字星形态出现在 D 位置以后，低价区 RSI 指标背离回升。指标从 E 处到 F 处，也验证了 D 位置的十字星底部。该股从十字星开始的 V 图形态在日 K 线确认。十字星形态作为起点，股价单边上涨到 G1 位置高位。

总结

十字星提供了非常典型的反转信号，配合 RSI 指标的背离回升，趋势逆转的起始形态得到确认。而 V 图中，以十字星作为底部形态的反转走势中，投资者需要密切关注交易机会。阳线十字星 V 图形态是典型的组合形态，单边回升走势出现前，可以被多数投资者确认为买点。

2.8 阴线棒槌线 V 图

阴线棒槌线形态里，股价在开盘阶段就出现高开情况，开盘以后股价冲高回落，价格进入震荡下跌趋势。股价在盘口宽幅震荡，最终以缩量形式不断刷新更低价位，收盘前小幅放大，实现阴线棒槌线。阴线棒槌线形态出现在高价区的话，能够成为显著的反转形态。

实战当中，日 K 线图中的阴线棒槌线可以轻松结束股价的回升趋势，成为 V 图反转的起始形态。阴线棒槌线开始，股价进入快速回落状态，高抛交易机会稍纵即逝。

2.8.1　阴线棒槌线 V 图特征

阴线棒槌线形态里，股价在开盘阶段会出现高开走势，但是开盘后股价震荡回落，收盘出现明显的跌幅，完成阴线棒槌线形态。棒槌线的 K 线形态里，有明显的上影线和下影线，并且是阴线实体较长的 K 线形态。阴线棒槌线出现在高价区的话，可以视为主力无法继续拉升股价的信号。棒槌线形态完成，盘口多空争夺已经非常激烈，最终还是在缩量状态下出现了显著的价格回落走势。

形态特征

A. 股价开盘上涨：股价开盘期间出现明显涨幅，体现在图 2－15 中 A 位置的高开走势出现。高开以后股价冲高到 C 位置失败后开始回落。

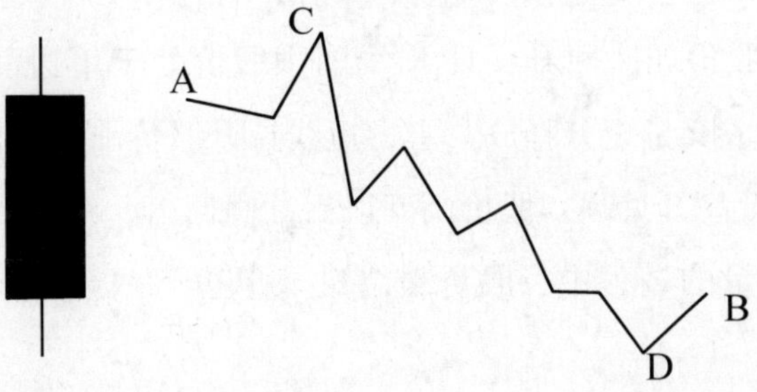

图 2－15　阴线棒槌线特征

B. 开盘后冲高回落：开盘冲高到 C 位置失败，股价遇到阻力后快速回落，盘中股价扩大了跌幅。价格高开却没有走强，显示多方主力并无拉升股价的能力和意图。

C. 尾盘触底回升：尾盘股价跌幅扩大以后，价格在低位获得了支撑后开始上涨。收盘价股价相对盘中最低价有一定反弹，但是反弹力度并不大，显示了主力投资者的做多意图并不强烈。

2.8.2 阴线棒槌线 V 图案例

阴线棒槌线形态里，股价在开盘阶段出现高开走势，显示主力有拉升股价的意图。量能放大的时候，主力参与争夺开盘价主导权的意图明显。但是在开盘以后，股价明显缩量反弹失败，并且在接下来的盘中冲高回落中，进入比较明显的杀跌趋势。

成交量只是在开盘阶段放大，开盘以后显著缩量。放量高开却在盘中低走，表现出缩量弱势运行的特征。尾盘股价虽然触底回升，但是阴线形态不可避免地出现。并且是带有明显的上影线和下影线的阴线形态特征，这成为股价在日 K 线图中反转的重要形态特征。从阴线棒槌线开始，V 图反转走势形成，股价将在回落趋势中扩大跌幅。

形态特征

A. 日 K 线股价加速回升：日 K 线图中股价处于单边回升阶段，价格涨幅加大的时候，成交量充分释放，主力短线拉升股价涨幅会比较大。

B. 盘口股价高开见顶：股价高开以后冲高回落，缩量反弹后股价涨幅有限。量能继续缩量的过程中，股价最终进入单边下跌趋势，并且在盘中不断扩大跌幅。

C. 高价 V 图反转确认：盘口股价单边回落以后，尾盘股价跌幅扩大。收盘后完成大阴线棒槌线，并且成交量达到天量状态。这表明股价见顶，提示

V 图反转走势出现。

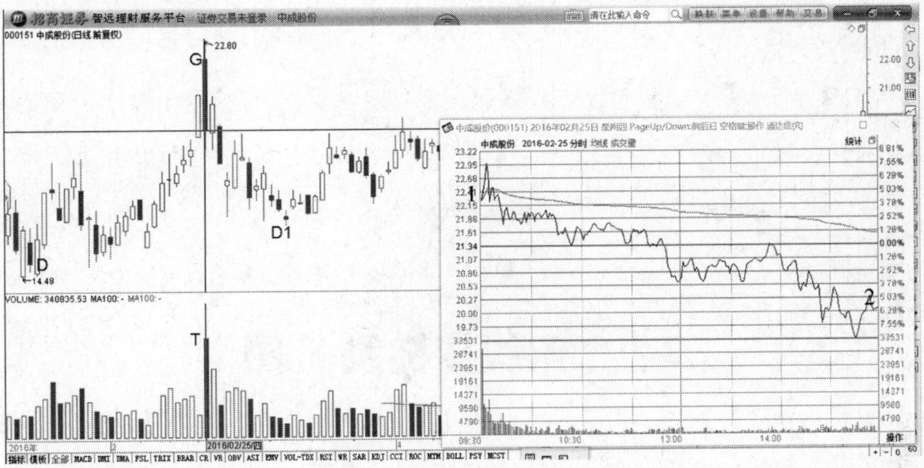

图 2 - 16　中成股份分时图和日 K 线图

操作要领

1. 从日 K 线股价加速回升来看：如图 2 - 16 所示，日 K 线图中股价处于单边回升阶段，价格从 D 位置飙升到 G 位置高位，涨幅接近 50%。显然，该股在短线表现强势，呈现出放量上涨趋势。

2. 从盘口股价高开见顶来看：股价在 1 位置高开以后冲高回落，缩量反弹后股价冲高回落。量能在盘口持续萎缩的过程中，股价尾盘触底反弹，收盘在跌幅达 6% 的 2 位置。

3. 从高价 V 图反转确认来看：盘口股价单边回落以后，日 K 线 G 位置出现大阴线棒槌线形态。同期量能在 T 位置达天量，这是天量顶部反转信号。天量阴线棒槌线成为 V 图反转的起始点，推动股价进入下跌趋势。该股回落期间跌至 D1 位置的低点。

总结

阴线棒槌线有阴线的突破效果，同时又具备十字星的震荡特征，是多空充分争夺以后价格反转形态。阴线出现提示主力投资者无法继续拉升股价，使得回落趋势中的高抛卖点出现。V 图反转形态在棒槌线位置开始，下跌趋势中早一些降低仓位可以避免亏损扩大。

2.9 阳线棒槌线 V 图

阳线棒槌线形态里，股价虽然开盘阶段波动不大，但是开盘以后股价逐步提高。在量能放大的过程中，股价强势特征有增无减。直到收盘的时候，震荡回升的价格走势依然还在延续。总体上量能开盘阶段更高，而尾盘股价虽然涨幅加大，但是量能相对萎缩。收盘完成阳线形态以后，收盘价并非盘中最高价。这样一来，盘口的阳线棒槌线出现。棒槌线的实体较长，并且存在上影线和下影线。从实际的效果来看，棒槌线是量能无法持续放大期间的顶部形态，可以成为 V 图反转的起始形态。

2.9.1 阳线棒槌线 V 图特征

阳线棒槌线形态里，股价在开盘阶段会出现下跌，但是收盘股价涨幅较大，是有上影线和下影线，并且是阳线实体较长的 K 线形态。阳线棒槌线出现在高价区的话，可以视为主力无法继续拉升股价的信号。棒槌线里，盘口多空争夺已经非常激烈。收盘以后多空争夺结束，高价区股价将处于反转阶段。

形态特征

A. 股价平淡开盘：如图 2－17 所示，股价平淡开盘阶段，A 位置的开盘价格如果出现一定的回落，那么表明股价有回落风险。开盘后股价如果走弱，那么将是顺应价格低开的弱势反映。

B. 开盘触底回升：开盘股价触底回升，低价区的反弹走势很快出现，这是多方奋力拉升股价的结果。

C. 尾盘冲高回落：尾盘股价冲高回落，体现了主力投资者的真实意图。股价虽然达到高位 D，却收盘在 B 位置，表明弱势状态下的收盘价表现并不理想。

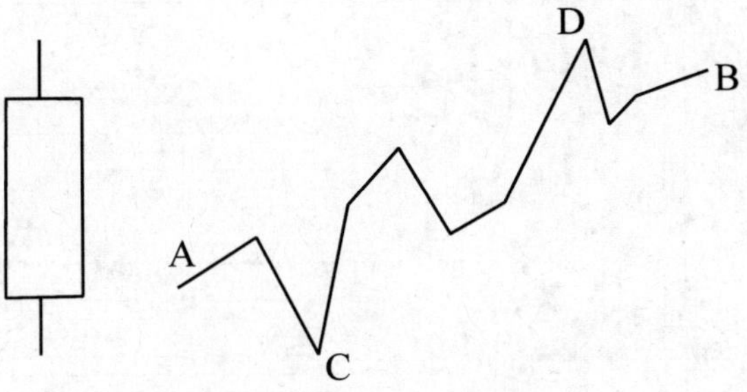

图 2－17　阳线棒槌线特征

2.9.2　阳线棒槌线 V 图案例

阳线棒槌线形态里，股价在开盘阶段已经出现下跌，但是开盘以后股价放量上攻。成交量在开盘不久便开始小幅放大，不过量能在随后的盘口呈现出萎缩特征，促使股价连续回升以后尾盘冲高回落。实际上，股价以低开反弹上涨的回升趋势为主要趋势。收盘阶段股价涨幅较大，但是股价表现为明显的上影线形态，是一根具有上影线和下影线的棒槌线。棒槌线出现在高价区，显示多方已经充分地释放了拉升的力量，价格在高位已经无法继续回升。

形态特征

A. 日 K 线股价单边回升：日 K 线图中股价处于单边回升阶段，价格涨幅加大的时候，RSI 指标表现为超买，提示顶部已经到来。

B. 盘口股价低开上涨：低价后盘口股价双向震荡，量能开盘后处于放大状态，但是随后的拉升期间量能萎缩，股价无法收盘在最高价位，以阳线棒槌线完成。

C. 高价 V 图反转确认：棒槌线出现在价格回升阶段，是股价在价格高位上涨乏力的体现。价格震荡加剧，但是多方力量不足，提示 V 形态反转出现。

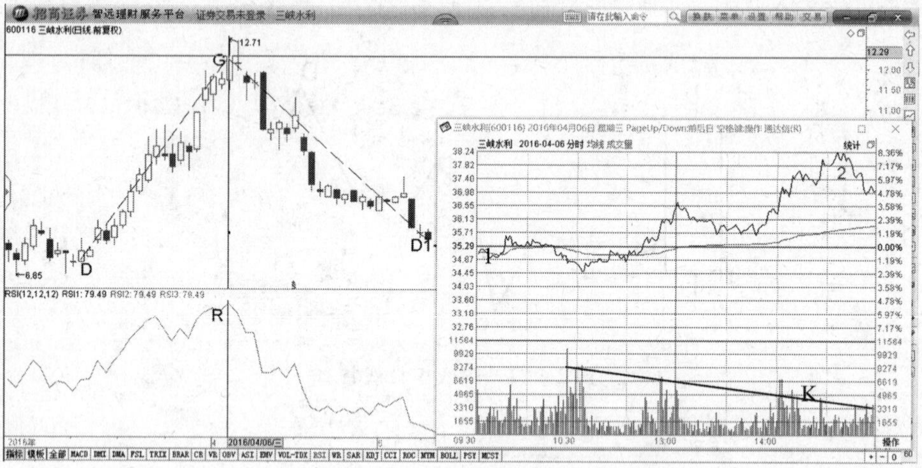

图 2－18　三峡水利分时图和日 K 线图

操作要领

1. 从日 K 线股价单边回升来看：如图 2－18 所示，日 K 线图中该股股价处于单边回升阶段，价格由 D 位置回升到 G 位置高位。股价涨幅加大的时候，12 日 RSI 指标在 R 位置表现为超买，提示顶部已经到来。

2. 从盘口股价低开上涨来看：1 位置股价低价后盘口股价双向震荡，量能开盘后处于放大状态，但是随后的拉升期间量能相对萎缩到 K 位置，股价无法收盘在最高价位 2 位置，以阳线棒槌线完成震荡走势。这表明，该股充分释放了回升走势。

3. 从高价 V 图反转确认来看：棒槌线出现在价格回升阶段 G 位置高位，是股价在价格高位上涨乏力的表现。价格震荡加剧，表明多方力量不足，提示跌向 D1 位置的 V 形态反转出现。

总结

棒槌线的阳线实体较长，但是多方已经充分拉升股价，棒槌线成为多空争夺后价格最后一次强势表现。随后，股价进入跌势趋势，日 K 线的 RSI 指标超买也提示了 V 图出现。高抛交易机会出现在棒槌线位置，卖点不容忽视。

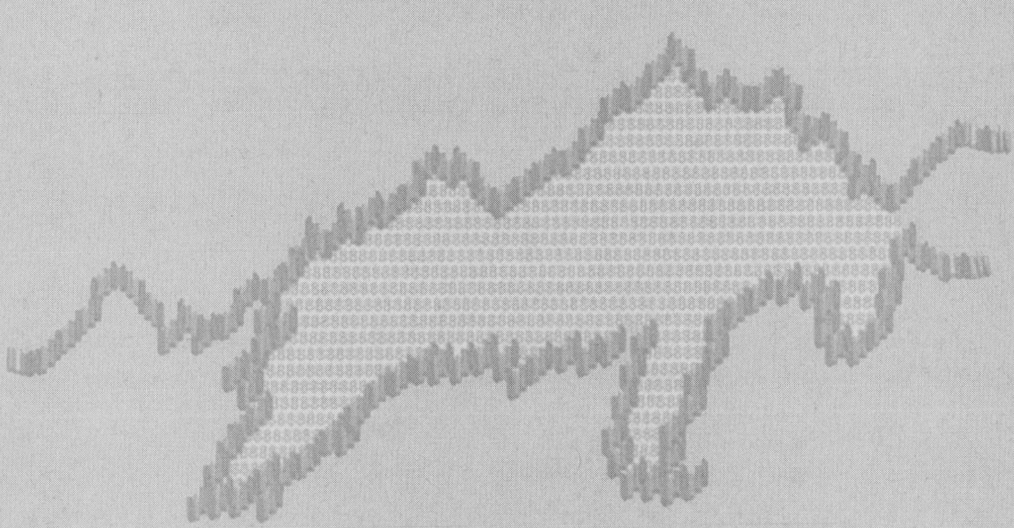

/ 第3章 /

K 线组合形态 V 图趋势交易

日 K 线价格形态多变，而能够形成 V 图反转的 K 线组合形态是可以统计出来的。典型的 K 线组合形态有包含线、切入线、实体很长的突破 K 线、连续波动的 K 线。这些典型的 K 线组合形态成为价格反转的起始形态，是确认 V 图反转走势的看点之一。

随着 K 线图在日 K 线图中完成反转，趋势反转以后典型的交易信号就在这期间形成。如果交易机会在 K 线组合形态期间确认，那么适应接下来的交易就很容易了。

本章介绍了非常典型的组合 K 线形态以及对应的盘口 V 图形式，能为投资者的 V 图交易提供帮助。

3.1　阴线切入形态

阴线切入形态里，大阳线形态首先出现，一根实体很小的阴线从阳线收盘价上方向下穿越。阴线实体达到阳线实体内部，表现为切入形态，这是股价在小幅回落期间确认了下跌趋势。从组合形态来看，小阴线向下切入了大阳线形态，组合形态成为 V 图反转的信号。从切入线开始，股价将进入单边回落趋势。

3.1.1　阴线切入形态 V 图特征

阴线切入形态出现前，价格已经实现了大阳线拉升的走势。大阳线形态期间，股价涨幅较大，并且是在回升趋势里达到更高价位。而阴线形态出现在大阳线形态以后，是形态不够坚决的反转走势。但是阴线有明显的实体，而且跌破了阳线的收盘价，是确定的折返形态。

形态特征

A. 阳线实体较长：阳线实体很长，并且已经实现了较大涨幅。这个时候，图 3－1 所示的大阳线冲高的走势，就体现了价格的强势特征。

B. 阴线冲高回落：大阳线形态以后股价冲高回落。阴线体现在图中，表现出开盘价格 A 位置，A 位置高于阳线收盘价，却完成了阴线冲高回落走势。

C. 阴线实体切入阳线：阴线冲高回落，收盘价为B位置，明显要低于阳线收盘价。这个时候，股价的回落反转趋势已经确认。

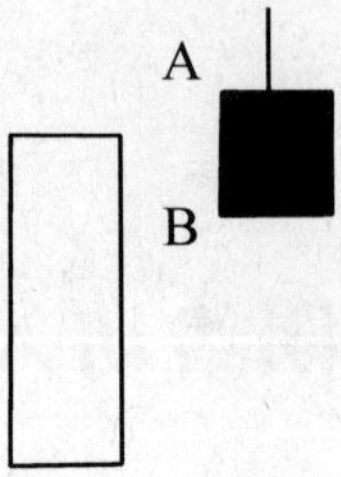

图3-1 阴线切入线特征

3.1.2 阴线切入形态V图案例

阴线切入形态里，股价以阴线收盘结束了上涨趋势。这个时候，阴线切入阳线，是短线的价格逆转形态。如果这种切入形态出现在恰到好处的价格高位，那么可以认为是股价顶部形态。这种切入线的组合形态里，股价收盘价已经在高位反转。结合量能见顶，以及RSI指标周边背离回落等特征，可以认为是切入线成为价格顶部的信号，是V图形态出现的信号，提示投资者高抛交易机会出现。

形态特征

A. 股价经历加速上涨：股价经历加速回升阶段，量能充分释放，股价上涨幅度逐步扩大，股价涨幅可高达50%。

B. 指标超买回落：RSI指标出现超买信号，提示指标已经达到顶部区域，股价的顶部信号出现。

C. 阴线切入阳线反转：量能达天量期间，股价天量顶部形态出现。阴线切入形态出现在天量顶部位置，V图反转形态从阴线切入线开始。

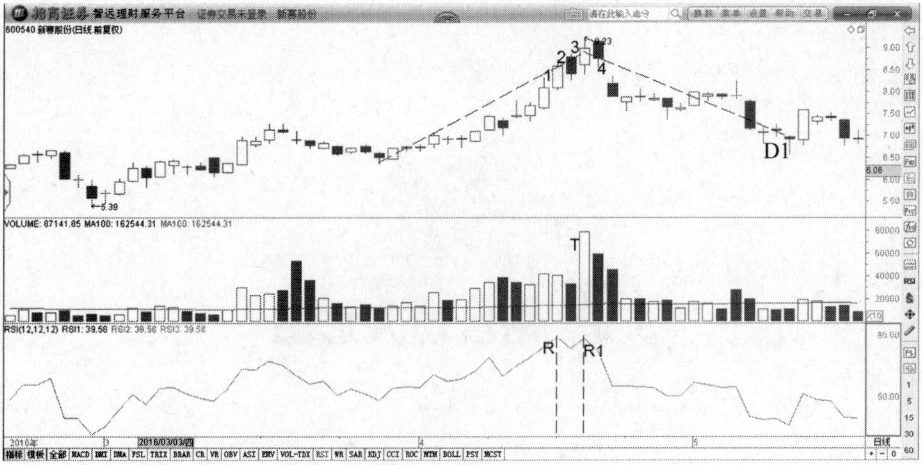

图 3-2　新赛股份日 K 线图

操作要领

1. 从股价经历加速上涨来看：如图 3-2 所示，该股股价经历加速回升阶段，量能充分释放，股价飙升到 3 位置的价格高位。从低价区开始算起，股价涨幅高达 50% 以上。

2. 从指标超买回落来看：RSI 指标在 R 和 R1 位置出现超买信号，提示指标已经达到顶部区域，股价进入顶部区域。这个时候，抛售压力随时可能增大。

3. 从阴线切入阳线反转来看：量能达 T 位置的天量期间，涨幅达 3 位置顶部。1 和 3 位置是阳线形态，2 和 4 位置是阴线形态。2 和 4 位置的阴线切入了阳线形态，成为趋势反转的切入线形态。而切入线恰好成为股价 V 图反转开始的位置。V 图反转以后股价杀跌到 D1 位置，跌幅超过 20%。显然，趋势已经显著反转。

总结

切入线形态出现以后，典型的高位卖点出现。投资者需要尽快抛售股票，应对 V 图反转带来的持股风险。事实上，切入两次阳线以后，切入线形态已经表明了 V 图出现的真实位置，投资者的高抛卖点形成。

3.2 阳线切入形态

阳线切入形态里，大阴线形态首先出现，一根实体很小的阳线从阴线收盘价下方向上穿越。阳线实体达到阴线实体内部，表现为切入形态，这是股价在小幅回升期间确认了上涨趋势。从组合形态来看，小阳线向上切入了大阴线形态，组合形态成为V图反转的信号。从切入线开始，股价将进入单边回升趋势。

3.2.1 阳线切入形态V图特征

阳线切入形态出现前，价格已经实现了大阴线回调的走势。大阴线形态期间，股价跌幅较大，并且是在回落趋势里达到低价位。而阳线形态出现在大阴线形态以后，是形态不够坚决的反转走势。同时阳线有明显的实体，而且向上突破了阴线的收盘价，是确定的折返形态。

形态特征

A. 阴线实体较长：阴线实体很长，并且已经实现了较大跌幅。这个时候，图3-3所示的大阴线大幅回落的走势，就体现了价格的弱势特征。

B. 阴线触底回升：股价在大阴线期间回落，跌幅较大。但是分析接下来的阳线形态，却出现了低开回升走势。阳线开盘在A，并且开始回升到收盘价 B 位置。

C. 阳线实体切入阴线：阳线反弹以后，收盘价为 B 位置明显要高于阴线收盘价。这个时候，股价从低价开始的反转趋势已经确认。

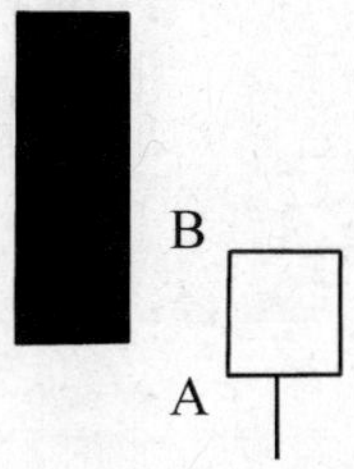

图 3 – 3　阳线切入线特征

3. 2. 2　阳线切入形态 V 图案例

阳线切入形态里，股价以阳线收盘结束了回调走势。这个时候，阳线切入阴线，短线的价格逆转形态出现。如果这种切入形态出现在恰到好处的价格低点，那么可以认为是股价底部形态。阳线切入线的组合形态里，股价收盘价已经在低位反转。结合量能放大信号，以及 RSI 指标触底短线低位，可以认为阳线切入线已经成为价格底部信号，是 V 图形态出现的信号，提示投资者低吸交易机会出现。

形态特征

A. 股价经历单边回调：股价经历单边回落阶段，量能短线萎缩期间，价格短线显著回调。

B. 指标获得短线支撑：RSI 指标短线调整的时候，指标回调幅度加大，并且可能会触及 50 线的支撑位置。这个时候，是指标获得支撑开始企稳的机会。

C. 阳线切入阴线反转：量能很快放大，股价以反弹阳线形式切入到阴线形态的实体，确认了放量底部形态。阳线切入形态出现在放量状态的时候，V图反转形态从切入线开始。

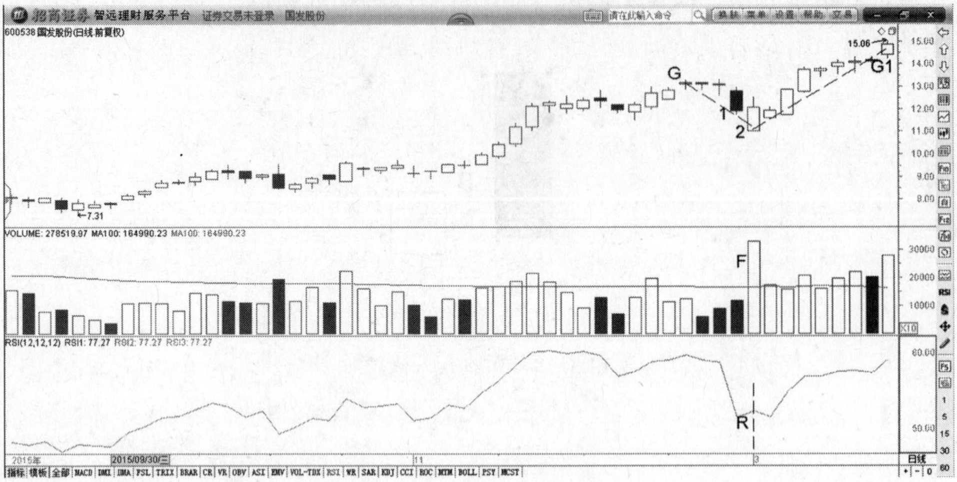

图 3－4 国发股份日 K 线

操作要领

1. 从股价经历单边回调来看：如图 3－4 所示，股价经历回落走势，价格从 G 位置开始回调，股价下跌到 1 所示的阴线位置。与此同时，RSI 指标也从超买回调到 R 位置，指标回调力度较大。

2. 从指标获得短线支撑来看：RSI 指标短线调整的时候，触及 R 位置的 50 线支撑点。50 线是 RSI 指标获得支撑的位置，同时也是确认股价开始企稳的信号。

3. 从阳线切入阴线反转来看：量能很快在 F 位置放大，股价以反弹阳线的方式出现在 2 位置，阳线切入到阴线 1 的实体内部，体现了切入线的反转走势形成。确认放量底部形态很重要，使得我们敢于趁机低吸。阳线切入形态出现在放量状态的时候，V 图反转形态从切入线开始。反转以后，股价从 2 位置阳线飙升到 G1 位置高位，涨幅达 36%，实现了趋势反转。

总结

低价区的阳线切入形态完成以后，V 图反转走势已经确认，股价将进入快速回升阶段。对于局部回调走势阳线切入后的 V 图形态，也是值得投资者关注的地方。随着反转开始，持股投资者将快速获取收益。

3.3　阴线包阳线

阴线切入形态里，大阳线形态出现以后，实体很小的阴线从阳线收盘价上方向下穿越。而阴线包阳线形态里，阴线实体已经穿越了阳线实体，表现为贯穿形态，这是股价在大幅回落期间确认了下跌趋势。从包线组合形态来看，大阴线向下贯穿了阳线形态，组合形态成为 V 图反转的信号。从阳线包阴线形态开始，股价将进入单边回落趋势。并且，相比较阴线切入线，阴线包阳线以后股价下跌速度更快。

3.3.1　阴线包阳线形态 V 图特征

阴线贯穿阳线形态出现前，价格已经在阳线拉升期间上涨。阳线形态期间，股价涨幅较大，并且是在回升趋势里达到更高价位。而大阴线形态出现在阳线形态以后，是典型的反转形态。作为典型的 V 图反转形态，大阴线贯穿了阳线形态以后，股价下跌潜力巨大。确认这一点非常重要，这让投资者能够更好地把握 V 图形态的交易机会。

形态特征

A. 阳线实体较长：阳线实体很长，并且已经实现了较大涨幅。这个时候，图 3-5 显示的大阳线拉升走势，就是价格的强势表现。

B. 阴线冲高回落：阳线形态出现以后股价冲高回落。阴线从图中 A 位置的开盘价下跌，收盘价出现在 B 位置，表现出显著的大跌特征。

C. 阴线实体贯穿阳线：阴线冲高回落，收盘价为 B 位置，明显要低于阳线开盘价。这个时候，大阴线向下贯穿了阳线，阴线包阳线的反转走势形成。

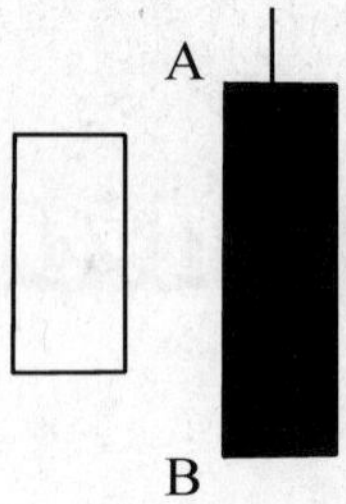

图 3-5　阴线包阳线特征

3.3.2　阴线包阳线形态 V 图案例

阴线贯穿形态里，股价以大阴线收盘跌破阳线结束了上涨趋势。这个时候，阴线不仅切入阳线实体内部，而且是以贯穿阳线实体的方式下跌，确立了阴线包阳线的下跌趋势。

如果这种包线形态出现在恰到好处的价格高位，那么可以认为是股价快速杀跌的起始形态。阴线包阳线完成以后，股价 V 图反转走势出现，价格下跌将能够在回落趋势中延续。

形态特征

A. 股价典型加速上涨：股价经历加速回升阶段，成交量显著放大，股价幅度快速扩大，价格涨幅会较大。

B. RSI 指标高位背离：比较不同阶段的 RSI 指标，可以看出指标已经相对回落，与股价形成高位背离，提示高价区的卖点信号出现。背离间隔时间较长时，背离卖点可靠性会很高。

C. 阴线贯穿阳线反转：量能充分释放的时候，股价回升到短线高位。多空争夺激烈，价格高位的放量阴线形成，推动股价回落形成。阴线贯穿阳线以后，收盘价已经反转，V 图形态以后的股价下跌趋势可以确认。

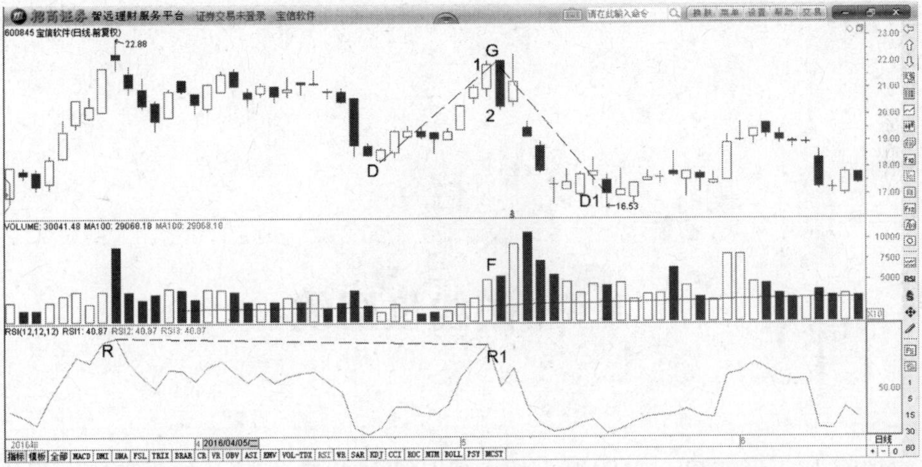

图 3－6　宝信软件日 K 线

操作要领

1. 从股价典型加速上涨来看：如图 3－6 所示，股价经历加速回升阶段，成交量显著放大，股价幅度快速扩大，价格涨幅超过了 20%。

2. 从 RSI 指标高位背离来看：比较不同阶段的 RSI 指标，可以看出指标已经相对回落，与股价形成高位背离，提示高价区的卖点信号出现。背离间隔长达 1 个月，背离卖点可靠性很高。

3. 从阴线贯穿阳线反转来看：量能充分释放的时候，多空争夺激烈，股价以单边回升形式上涨，价格从 D 位置回升到短线高位 G 位置。当量能在 F

位置放大的时候，阴线 2 向下贯穿了阳线 1，提示阴线包阳线形态出现，确认了 V 图形态。V 图形态出现在高位以后，股价很快从 G 位置回落到 D1 位置。

总结

阴线向下贯穿了阳线以后，股价下跌幅度快速扩大。阴线包阳线的组合形态非常典型，出现在价格单边上涨期间，可以轻松确认 V 图形态。V 图反转是趋势转换的信号，表明股价下跌趋势已经开始。

3.4 阳线包阴线

阳线切入形态里，实体很小的阳线从阴线收盘价下方向上穿越大阴线，实现了 K 线形态上的切入状态。而大阳线包阴线形态里，阳线实体已经穿越了阴线实体，表明阳线贯穿形态已经出现，这是股价大幅回落期间确认的反转信号。在阳线穿越了阴线以后，阳线包阴线的组合形态完成，这种组合形态成为 V 图反转的信号。单边回落期间，从大阳线包阴线形态开始，股价将进入单边回升趋势。并且，相比较阳线切入线，阳线包阴线以后股价反转回升更快，低价买点的机会很快就会消失。

3.4.1 阳线包阴线形态 V 图特征

阳线贯穿阴线形态出现前，价格已经在阴线下跌期间回落。阳线形态期间，股价涨幅较大，并且是在回升趋势里达到更高价位。而大阳线形态出现在阴线形态以后，是典型的反转形态。作为典型的 V 图反转形态，大阳线贯穿了阴线形态以后，股价回升潜力巨大。确认这一点非常重要，这让投资者能够更好地把握 V 图形态的交易机会。

形态特征

A. 阴线实体较长：阴线实体很长，并且已经实现了较大跌幅。这个时候，会出现图 3－7 所示的阴线下跌，表明股价弱势运行。

B. 阳线低开回升：阴线形态出现以后股价大幅回落。阳线从图中 A 位置的开盘价回升，收盘价出现在 B 位置，表现出显著的大涨特征。

C. 阳线实体贯穿阴线：阳线大幅度回升，收盘价为 B 位置明显要高于阴线收盘价。这个时候，大阳线向上贯穿了阴线，大阳线包阴线的反转走势出现。

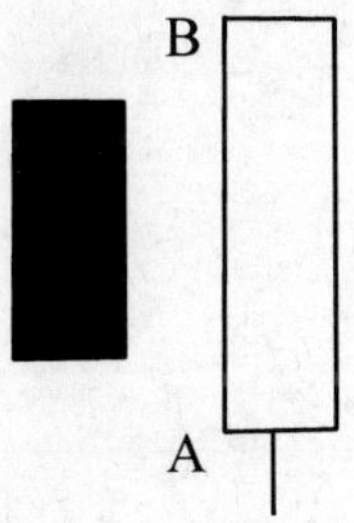

图 3－7　阳线包阴线特征

3.4.2　阳线包阴线形态 V 图案例

阳线贯穿形态里，股价以大阳线收盘向上突破了阴线形态。这个时候，阳线不仅切入阴线实体内部，而且是以贯穿阴线实体的方式上涨，显示了主力拉升股价意图坚决。

如果这种包线形态出现在恰到好处的价格低位，那么可以认为是股价快速上涨的起始形态。阳线包阴线完成以后，股价 V 图反转走势出现，价格上涨将能够在回升趋势中延续。高效的大阳线形态贯穿了阴线以后，股价将快速告别回落趋势，进入加速上涨的趋势中。

形态特征

A. 股价经历单边回落：前期股价经历单边回落阶段，价格不断刷新收盘价新低，大阴线出现在低价区，同时低价区的反弹信号在这个时候出现。

B. RSI 指标背离回升：比较不同阶段的 RSI 指标，可以看出指标已经相对回升，与股价创新低形成低位背离，提示低价区的买点信号出现。背离间隔时间较长时，低价区的买点更加可靠。

C. 阳线贯穿阴线反转：股价在低价区开始反弹，反弹效率很高，大阳线形态向上贯穿小阳线 K 线，提示低价区的包线形态完成，可视为买点信号。

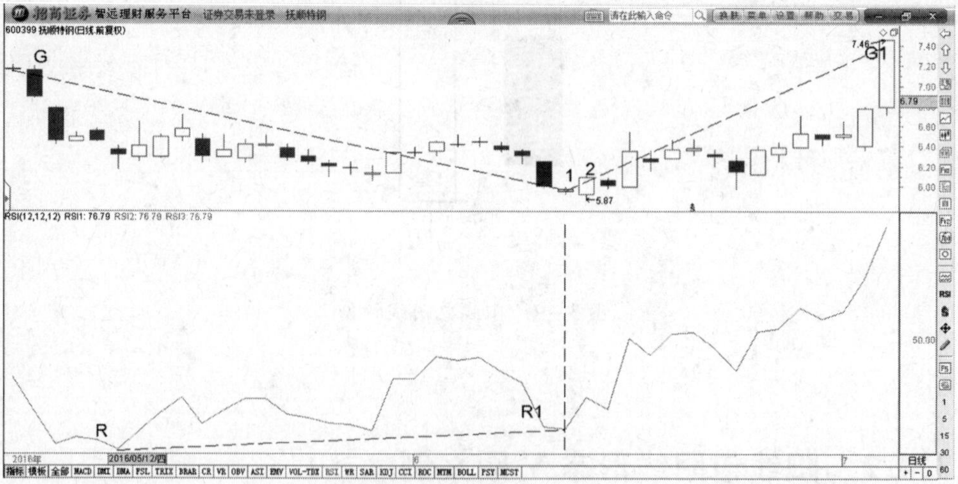

图 3-8　抚顺特钢日 K 线

操作要领

1. 从股价经历单边回落来看：如图 3－8 所示，股价单边回落期间，价格从 G 位置杀跌到低价区的 1 位置，股价跌幅加大。低价区的价格已经下跌到处于局部行情的低点。

2. 从 RSI 指标背离回升来看：比较股价下跌时期的 RSI 指标，可以看出指标已经从 R 位置的相对低点回升，指标数值达到 R1 位置，提示低价区的背离形态出现。RSI 指标出现低位背离以后，1 位置的价格低点是比较典型的反转起始点，可以视为 V 图形态的起点位置。

3. 从阳线贯穿阴线反转来看：股价在低价区的 1 位置开始反弹，价格反弹到 2 位置的时候，已经是阳线向上贯穿 1 位置的小 K 线组合形态。这种组合形态是阳线包小阳线的特征，是比较典型的突破信号。V 图形态在包线组合形态以后开始，价格上涨也从 2 位置的阳线位置开始。

总结

阳线包阴线形态里，阴线也可以是阳线，是实体很小的阳线形态。更大的阳线实体包含小阳线以后，股价向上突破的走势确认。V 图形态从阳线包线形态开始，股价从这时开始加速走强。随着阳线包含小 K 线的走势出现，股价进入回升趋势，买点出现。

3.5 大阳线突破形态

大阳线形态的实体很长，是能够突破多根 K 线的形态。大阳线形态出现的位置很重要，如果在单边回落趋势中形成，那么突破 K 线组合形态以后，股价底部特征显现。随着大阳线突破后股价开始走强，回升趋势中，持股可以有效获利。从 V 图角度看，大阳线突破形态可以成为股价上涨的起始形态，是投资者买入股票的机会。

3.5.1 大阳线突破形态 V 图特征

大阳线突破形态出现前，股价波动空间较小，价格按照小幅度震荡的形态运行。由于波动空间小，K 线的实体也相对小很多，这个时候，大阳线更容易有效突破 K 线的组合形态，实现较大涨幅。随着大阳线有效突破了 K 线组合形态，股价确认了突破形态，实现了底部反转走势。

形态特征

A. 小阴线形态出现：小阴线形态出现以后，股价短线回调，延续了回落态势。图中 3 - 9 显示的小阴线跌幅有限，是典型的调整走势。

B. 阴线阳线充分震荡：阴线阳线充分震荡以后，大阳线出现前股价充分调整。调整完毕，图中显示的大阳线开盘在 A 位置，收盘在高位 B 位置。

C. 大阳线贯穿 K 线组合：A 位置低于任何一根 K 线的实体，而 B 位置收盘价高于小 K 线的任何一根 K 线的实体，那么从 A 到 B 的大阳线形态有效贯穿了 K 线组合形态，成为典型反转信号。

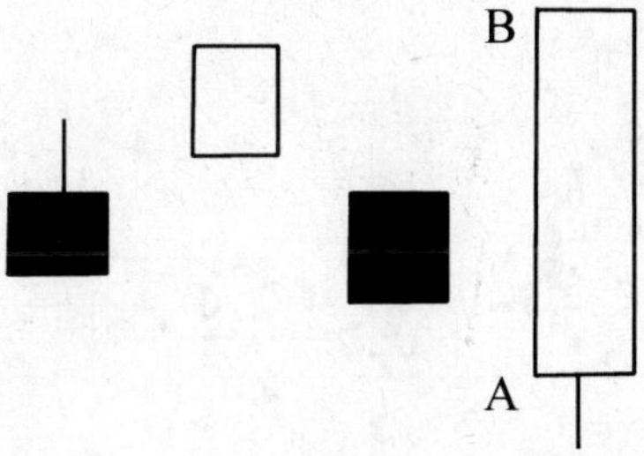

图 3－9　大阳线突破形态特征

3.5.2　大阳线突破形态 V 图案例

在股价下跌期间，股价单边回落到低位的时候，价格跌幅扩大。这个时候，低价区的双向震荡持续，股价以小 K 线形式震荡，主力已经在价格震荡期间收集了筹码。当股价回调到低点的时候，技术性反弹的大阳线形态出现。大阳线实体有效突破了小 K 线的组合形态，实现了突破信号。大阳线突破了 K 线组合形态以后，反转形态得到确认。大阳线突破小 K 线只是股价上涨的起始点，V 图形态的低点开始于大阳线突破期间。

形态特征

A. 股价震荡回落：股价震荡回落以后，价格短线跌幅扩大，这个时候，是低价区股价寻底部支撑的时刻。

B. RSI 指标背离回升：当 RSI 指标背离回升以后，可以看到背离提示的低价区买点出现。如果买入股票在指标背离期间，持股风险要小很多。

C. 大阳线突破K线组合形态：随着大阳线突破了K线组合形态，RSI指标提示的买点得到确认。大阳线突破期间，是V图反转开始的价位，预示着股价将要进入回升趋势。

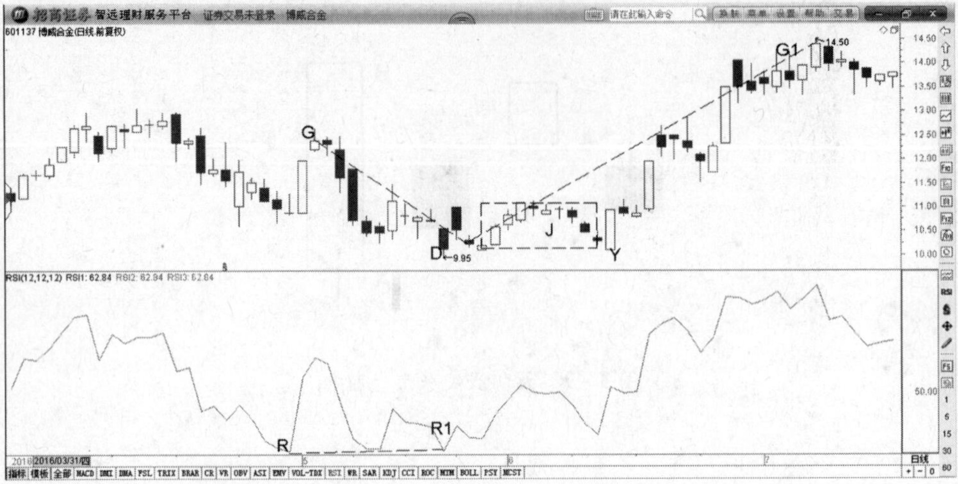

图3－10 博威合金日K线

操作要领

1. 从股价震荡回落来看：如图3－10所示，股价震荡回落以后，价格从G位置回落到D位置的价格低点。跌幅快速扩大，D位置的低价区是股价寻底部支撑的位置。

2. 从RSI指标背离回升来看：当RSI指标从R位置背离回升到R1位置以后，可以看到背离提示的低价区买点出现在D位置。如果买入股票在指标背离期间的D位置，持股风险要小很多。

3. 从大阳线突破K线组合形态来看：随着Y位置的大阳线有效突破了J位置的K线组合形态，低价区的买点形成。RSI指标背离提示的买点得到确认，大阳线突破成为V图反转开始的价位，预示着股价将要进入回升趋势。后期股价飙升到G1位置，回升趋势中涨幅达40%以上。

总结

RSI 指标的背离能够很好地检验短线低价的买点位置，而大阳线向上突破了 K 线组合形态，是更直观的突破信号。这期间 V 图形态已经出现，V 图反转开始于大阳线位置，股价涨幅达 G1 位置的时候，持股投资者已经充分盈利。

3.6　大阴线跌破形态

实体很长的大阴线形态出现以后，该形态能够跌破多根 K 线的形态。大阴线形态出现的位置很重要，如果在单边回升趋势中形成，那么跌破 K 线组合形态以后，股价顶部特征显现。随着大阴线跌破后，股价开始走低，回落趋势中，尽快抛售股票可以减轻损失。从 V 图角度看，大阴线跌破形态可以成为股价回落的起始形态，是投资者卖出股票的机会。

3.6.1　大阴线跌破形态 V 图特征

大阴线跌破形态的 V 图中，首先股价前期已经处于横盘震荡阶段。股价在短线高位运行期间，价格横盘时间较长，已经具备了顶部特征。随着大阴线下跌走势的出现，股价跌幅迅速扩大到 K 线组合形态下方。价格快速回落，跌破多根 K 线意味着跌破有效。K 线组合形态成为典型的高抛卖点。

形态特征

A. 小阳线 K 线形态出现：小阳 K 线形态出现在图 3 - 11 左侧，是股价短线小幅上涨的走势。从涨幅来看，小阳线的 K 线涨幅不大。

B. 阴线、阳线充分震荡：小 K 线形态出现以后，股价短线震荡，但是股价波动空间并不大。图中 3 - 11 显示的小 K 线形态里，价格震荡充分。

C. 大阴线贯穿 K 线组合形态：A 位置高于前面任何一根 K 线的实体，而 B 位置收盘价低于小 K 线的任何一根 K 线的实体，那么从 A 到 B 的大阴线形态有效贯穿了 K 线组合形态，成为典型反转信号。

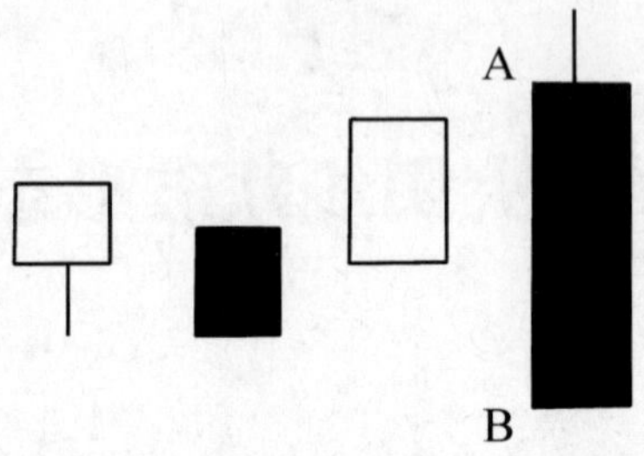

图 3 - 11　大阴线形态特征

3.6.2　大阴线跌破形态 V 图案例

在股价上涨期间，股价单边回升到高位以后，价格涨幅扩大。这个时候，高价区的双向震荡持续，股价以小 K 线形式震荡，主力已经在价格震荡期间抛售了筹码。当股价反弹到高位以后，技术性反弹的小阳线形态出现。而后大阴线实体会有效跌破小 K 线的组合形态，实现加速回落。大阴线跌破了 K 线组合形态以后，反转走势得到确认。大阴线跌破小 K 线只是股价下跌的起始点，V 图形态的高点开始于大阴线跌破形态。

形态特征

A. 股价震荡回升：股价震荡回升以后，价格短线涨幅扩大，这个时候，是高价区股价寻顶的时刻。

B. RSI 指标背离回落：当 RSI 指标背离回落以后，可以看到背离提示的高价区卖点出现。如果卖出股票在指标背离期间，就可以有效规避风险。

C. 大阴线跌破 K 线组合形态：随着大阴线跌破了 K 线组合形态，RSI 指标提示的高抛卖点得到确认。大阴线跌破期间，是 V 图反转开始的价位，预示着股价将要进入回落趋势。

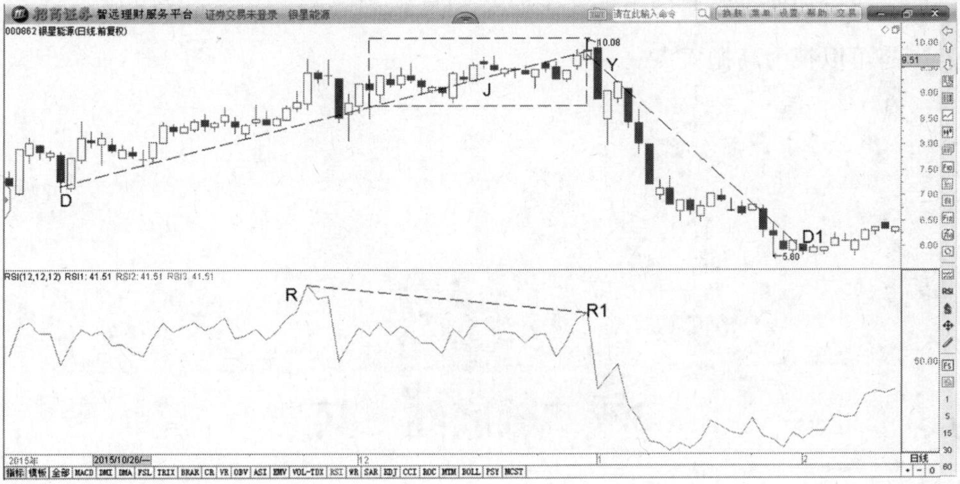

图 3－12　银星能源日 K 线

操作要领

1. 从股价震荡回升来看：如图 3－12 所示，股价震荡回升以后，价格从 D 位置回升到 J 位置的小幅震荡区域。J 位置的价格波动空间较小，是高价区股价寻顶的时刻，同时也是主力投资者高抛减仓的时刻。

2. 从 RSI 指标背离回落来看：当 RSI 指标背离回落以后，指标从 R 位置回调到 R1 位置，背离提示的高价区卖点出现在 J 位置调整区间的价格高位。如果卖出股票在指标背离期间，就可以有效规避风险。

3. 从大阴线跌破 K 线组合形态来看：随着 Y 位置的大阴线跌破了 K 线组合形态，RSI 指标提示的高抛卖点得到确认。大阴线跌破期间，是 V 图反转开始的价位。V 图以后股价进入单边回落，价格跌至 D1 位置，跌幅超过了 40%。

总结

K 线组合形态的波动空间较小，在股价横盘震荡的过程中，股价很容易跌破 K 线组合形态。一旦确认了大阴线下跌形态，股价跌破了 K 线组合价格区间，股价加速杀跌就会出现。作为 V 图反转的起始点，大阴线跌破 K 线组合形态可以视为高抛卖点。

3.7 触底红三兵

红三兵形态是三根阳线组成的反转形态，价格在红三兵出现期间依次上升，确立了低价区的支撑。从 V 图形态出现来看，红三兵可以成为 V 图反转开始的信号。在红三兵形态确认以后，买入股票的风险就非常低了。股价按照红三兵确立的 V 图形态上涨，价格会实现可观涨幅。

3.7.1 触底红三兵形态 V 图特征

红三兵形态出现在股价回落趋势中，是低价区的反转形态。低价区股价从红三兵开始反转，价格加速上涨的过程中，低价买入股票的建仓交易机会出现。红三兵形态的实体可以相对短一些，但是更长的实体阳线组成的红三兵形态，突破效果更好。红三兵形态的影线较短，是价格单向回升的重要形态特征，可以成为投资者确认买点的形态。

形态特征

A. 首个阳线成功触底：首个阳线出现在最低价区，是股价开始触底回升的位置。图 3－13 显示的阳线从低价区回升以后，价格在 A 位置确认了底部。

B. 第二根阳线加速反弹：第二根阳线加速上涨，是股价连续第二个交易日回升，表明价格走势非常强势，反弹将延续。

C. 第三根阳线完成反转：第三根阳线出现在 B 位置，3 根连续出现的阳线组成了红三兵形态，成为股价触底回升的起始形态。从红三兵形态开始，股价的低价区的底部就形成了。

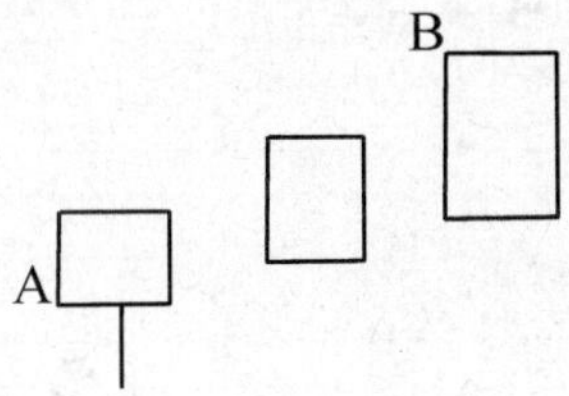

图 3－13　红三兵形态特征

3.7.2　触底红三兵形态 V 图案例

单边回落趋势中，股价缩量下跌期间跌幅不断扩大。当股价超跌以后，低价区的指标开始背离回升，而股价也会出现一定的反弹。红三兵形态是反弹的典型形态，可以确认为支撑形态，是股价开始上涨的有效突破信号。从红三兵形态开始，股价将告别低价区的弱势运行，价格将持续回升。

形态特征

A. 股价缩量杀跌：进入下跌趋势以后，缩量下跌是单边趋势应有的量价特征。量能持续萎缩的时候，股价跌幅不断扩大。低价区的底部形态就是在触底的情况下出现的。

B. RSI 指标背离回升：RSI 指标在股价下跌期间背离回升，提示股价跌幅加大的情况下，继续下跌空间不多。背离形态提示了低价买点出现，成为投资者的建仓交易机会。

C. 红三兵提示 V 图形成：红三兵形态出现在低价区，是股价开始触底回升的形态特征。红三兵确立了股价在低价区的强势表现，也成为 V 图形态和股价上涨的起始信号。

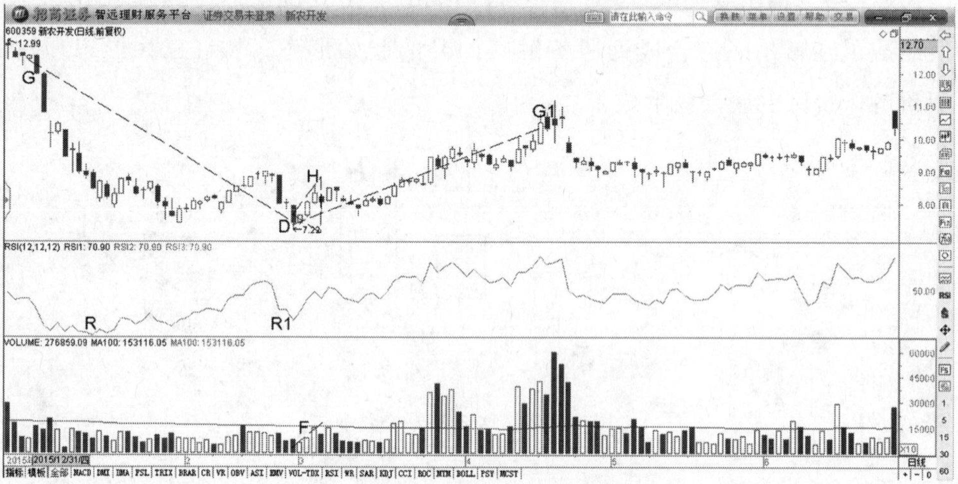

图 3－14　新农开发日 K 线

操作要领

1. 从股价缩量杀跌来看：如图 3－14 所示，股价进入下跌趋势以后，缩量情况下股价从 G 位置单边回落到 D 位置，累计跌幅高达 55%。单边下跌期间，量能始终低于 100 日等量线，直到 F 位置的量能出现连续放大迹象，低价区的价格反弹出现。

2. 从 RSI 指标背离回升来看：RSI 指标在股价下跌期间背离回升，指标从 R 位置回升到 R1 位置，是与股价相反的运行趋势，提示 RSI 指标已经与股价底背离，买点出现。

3. 从红三兵提示 V 图形成来看：红三兵形态从低价区 D 位置开始，在 H 位置完成了红三兵形态，是股价开始触底回升的典型底部特征。红三兵确立了股价从 D 位置到 G1 位置的单边回升趋势，为投资者的盈利提供了很好的机会。V 图形态的反转走势就起始于红三兵，价格从 D 位置反转，涨幅接近 40%，到 G1 位置的价格高位。

总结

V 图形态出现的时候，会有明显的反转特征，红三兵形态就是其中之一了。只是该形态的反转意义非常强，能够推动股价快速脱离低价区。V 图形态一旦在红三兵形态的推动下出现，股价加速进入单边回升趋势，持股便能够获得高收益。

3.8　见顶黑三兵

黑三兵形态是三根阴线组成的反转形态，价格在黑三兵出现期间依次回落，确立了高价区的压力。从 V 图形态出现来看，黑三兵可以成为 V 图反转开始的信号。在黑三兵形态确认以后，卖出股票的机会就形成了。股价按照黑三兵确立的 V 图形态下跌，价格会有可观跌幅。

3.8.1 见顶黑三兵形态V图特征

常见的黑三兵形态出现在股价回升后期，被看作是高价区的反转形态。高价区股价从黑三兵开始反转，价格加速回落的过程中，高价卖出股票的抛售机会出现。黑三兵形态的实体可以相对短一些，而具备更长的实体的阴线组成的黑三兵形态，跌破效果更突出。黑三兵形态的影线较短，是价格单向回落的重要形态特征，可以成为投资者确认卖点的形态。

形态特征

A. 阴线首次见顶：首个阴线出现在回升趋势最高价区，是股价开始触底见顶的位置。图3－15显示的阴线表示股价从高价区回落以后，价格在A位置确认了顶部。

B. 第二根阴线加速杀跌：第二根阳线加速杀跌，是股价连续第二个交易日回落，表明价格走势非常弱势，下跌将延续下去。

C. 第三根阴线完成反转：第三根阴线出现在B位置，3根连续出现的阴线组成了黑三兵形态，成为股价见顶回落的起始形态。从黑三兵形态开始，原回升趋势的顶部就形成了。

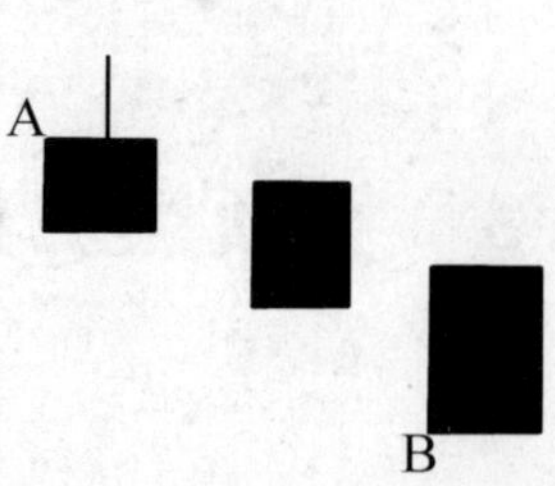

图3－15　黑三兵形态特征

3.8.2　见顶黑三兵形态 V 图案例

单边回升趋势中，股价放量上涨，其间，涨幅不断扩大。当股价涨幅加大的时候，放量上涨将转变为缩量调整，股价缩量，顶部将会出现。这个时候，缩量下跌的价格形态最容易出现。一旦股价缩量回落，以黑三兵形式下跌的情况下，股价反转效率会很高。缩量黑三兵形态可以轻松跌破顶部的支撑价位。累计 3 个交易日下跌的情况下，黑三兵推动的股价回落走势是可以预见的反转形态。

从 V 图形态看，黑三兵形态能够在股价下跌的第一时间确认顶部。V 图形态的顶部在黑三兵以后出现，V 图后股价单边下跌，这种下跌走势将能够持续。

形态特征

A. 股价放量回升：进入回升趋势以后，放量上涨是单边趋势应有的量价特征。量能持续放大的时候，股价涨幅不受任何阻力影响。直到高价区的顶部形态出现，价格才出现反转走势。

B. 量能出现萎缩信号：在股价持续上涨期间，成交量出现了萎缩迹象。量能低于 100 日等量线的情况下，股价顶部信号出现。成交量低于 100 日等量线的时候，价格很难表现强势。缩量情况下，股价回调可以确认顶部出现。

C. 黑三兵提示 V 图形成：黑三兵形态出现在高价区，是股价开始见顶回落的形态。缩量状态下，黑三兵的弱势特征被证明是典型的顶部形态。该形态可以确立股价在高价区的反转信号，也成为 V 图形态和股价下跌的起始信号。

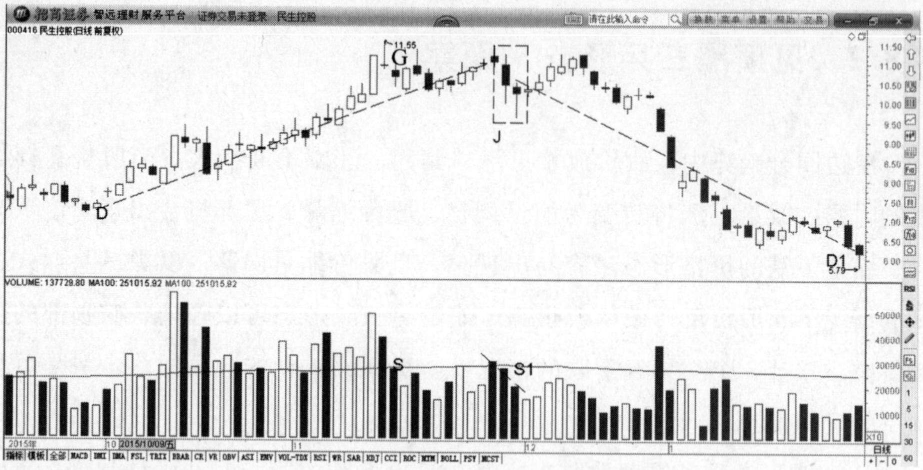

图3-16 民生控股日K线

操作要领

1. 从股价放量回升来看：如图3-16所示，进入回升趋势以后，该股股价从D位置放量上涨到G位置，单边趋势中该股表现强势。量能在S位置萎缩前，股价放量拉升到G位置，该股处于明显的回升趋势中。

2. 从量能出现萎缩信号来看：放量状态下股价上涨到G位置，直到量能在S位置开始萎缩。成交量在S位置的缩量期间，股价弱势震荡。并且在S1位置显著缩量的时候出现了3根阴线形态，这是股价见顶的信号。

3. 从黑三兵提示V图形成来看：黑三兵形态出现在J位置，其间，成交量在S1位置连续缩量。从黑三兵确立的V图反转来看，价格接下来进入单边回落趋势。从G位置到D1位置，V图推动的股价跌幅接近50%。黑三兵顶部确立以后，典型的抛售机会不容忽视。

总结

作为V图形态出现的信号，黑三兵形态是不容忽视的卖点。黑三兵形态起始于价格最高位，缩量状态下，股价进入加速回落阶段。如果投资者在黑三兵位置准确判断V图反转，接下来减少持股，风险会明显减小。

/ 第4章 /

V图趋势的指标异动

在V图转换期间，指标异动可以提示V图出现的位置，对于投资者判断交易机会非常重要。随着行情的发展，指标异动表现为背离、浮筹指标ASR折返、ROC指标横盘。指标不同寻常的形态特征显示股价进入行情逆转阶段。如果价格反转走势在这个时候出现，不必担心价格反转会停下来。V图推动的单边趋势会一直持续下来，直到股价波动空间明显加大。

本章提供了MACD指标背离、RSI指标背离、浮筹指标ASR折返、ROC指标横盘来揭示价格反转信号，提示投资者交易机会出现。

4.1　MACD 背离异动

MACD 指标出现背离异动期间，价格可以在指标异动期间折返。典型的 MACD 指标背离异动以后，股价在背离之后开始反转。背离与价格反转的时机配合非常明确，背离就意味着股价反转。特别是在背离连续出现以后，相似的价位附近买卖股票，就可以将股票卖在高位或者买在低点，提高收益空间。

4.1.1　MACD 指标高位背离 V 图

MACD 指标在价格回升期间出现顶背离，背离表明均线方面开始走弱，提示价格高位的抛售机会出现。均线是价格异动的直接体现，而 MACD 指标又进一步验证了均线不同寻常的变化。在 MACD 指标 DIF 线或者 MACD 柱线背离回落以后，高价区的抛售机会形成。

典型的抛售机会出现在背离以后，一次背离提供的高抛卖点并非真实的最高价位。当背离次数增加的时候，高抛卖点的可靠性增加，同时高价区的抛售机会更加典型。从 MACD 这边柱线背离开始，股价进入筑顶阶段。从首次 MACD 指标顶背离开始减少持股，在真正的顶部出现后，股价加速回落。V 图反转在背离次数增加的过程中逐渐确认。

MACD 指标背离形态完成后指标进入低位运行区域，指标一旦从背离转变为回落，股价将成功进入 V 图后的回落趋势，卖点不容忽视。

形态特征

A. 股价从低价区回升：股价从低价区回升，放量状态下股价涨幅不断加大。短期价格涨幅可达 100%。高价区的见顶信号出现。

B. MACD 指标柱线高位背离：MACD 指标的柱线背离回落，表明均线的发散趋势正在减弱，股价随时可能见顶回落。背离次数增加到 3 次的时候，接近顶部最高价的抛售机会就会出现。

C. 缩量提示顶部形成：量能低于 100 日等量线的情况下，股价出现了顶部特征。这个时候，是卖出股票的机会。量能继续萎缩，卖点会更低，确认缩量卖点可以成功逃顶。

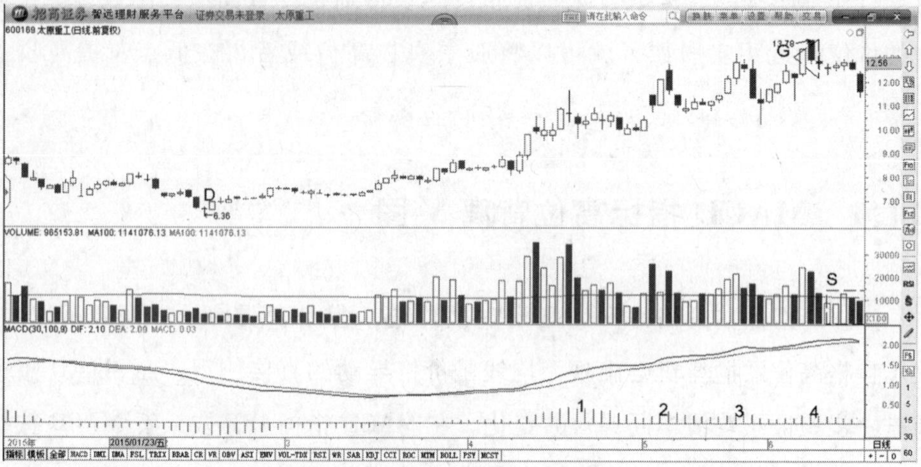

图 4-1 太原重工日 K 线

操作要领

1. 从股价从低价区回升来看：如图 4-1 所示，股价从低价区 D 位置开始回升，放量状态下股价涨幅达 100%，价格接近了高位 G 位置。而这个时候，股价见顶的背离和缩量信号也出现了。

2. 从 MACD 指标柱线高位背离来看：MACD 指标的柱线背离从 1 位置开始，接下来 2、3、4 位置的柱线明显回调，而股价收盘达到收盘价新高 G 位置。MACD 柱线和股价高位背离的情况下，该股 G 位置的顶部反转信号确认。

3. 从缩量提示顶部形成来看：量能低于 100 日等量线的情况下，S 位置的缩量信号明显出现。股价在量能低于 100 日等量线的情况下很难有更好的表现。因此，从 G 位置开始的下跌走势中，V 图的顶部反转形态已经被验证。

总结

在 MACD 柱线背离回调期间，指标推动的股价顶部并非马上出现，而是随着背离次数的增加，顶部得到确认。在背离顶部反转出现前，投资者有足够的时间确认高抛卖点。V 图反转就是在背离以后开始。背离信号可以看作是 V 图反转形态的起始点。

4.1.2　MACD 指标低位背离 V 图

MACD 指标在价格回落期间出现底背离，背离是均线发散趋势减弱，提示价格低位买点出现的信号。这是价格平均线出现异动的体现。在 MACD 指标 DIF 线或者 MACD 柱线底背离以后，低价区的买点机会形成。

在股价大幅杀跌的时候，单边回落趋势中会出现反弹走势。MACD 指标的反弹更为强烈。指标从低位回升以后，股价二次下跌期间，MACD 指标背离回升，表明股价有进一步反弹需求。在确认 MACD 指标与股价底背离的时候，在背离的那一刻买入股票，可以适应背离推动的 V 图反转走势，提高在短线交易中的收益。

形态特征

A. 前期股价跌幅可超过 50%：股价进入下跌趋势期间，超跌的股票跌幅可在 50% 以上。跌幅较大，股价在超跌后反弹概率大幅提升。

B. 低价区股价放量反弹：低价区放量反弹期间，不仅成交量有效放大，而且股价短线涨幅较高。随着反弹走势出现在超跌的低价区，指标也会发出买入信号。

C. 背离提示V图形态出现：MACD指标在超跌低级区背离回升，提示股价下跌到位，低价区的V图形态从指标背离开始。从背离开始的买点得到确认，V图会推动股价上涨。

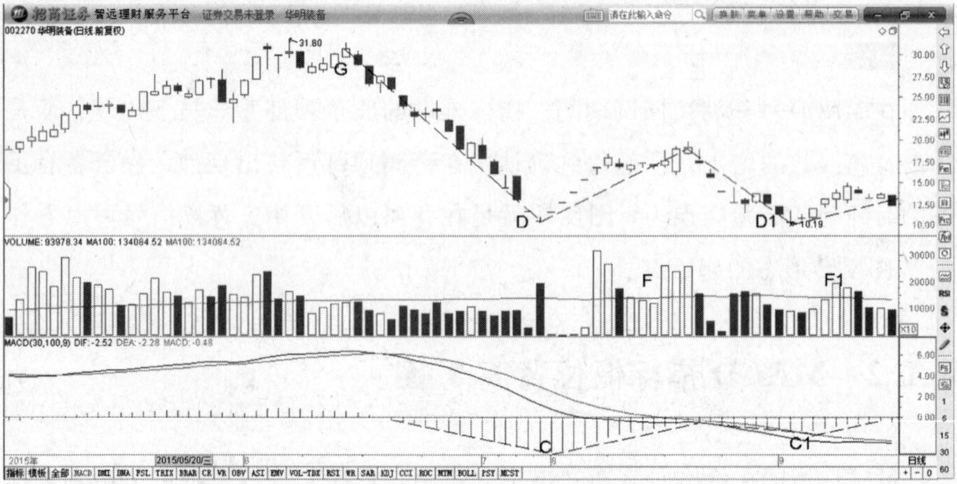

图4-2 华明装备日K线

操作要领

1. 从前期股价跌幅可超过50%来看：如图4-2所示，股价进入下跌趋势以后，价格超跌至D位置的10元附近，从30元到10元，该股跌幅在67%以上。跌幅较大，股价在超跌后反弹概率大幅提升。

2. 从低价区股价放量反弹来看：低价区F位置量能显著放量，量能达到100日等量线上方，股价从D位置开始一字涨停，短线涨幅达70%。股价反弹走势出现在超跌的低价区D，MACD指标也从D位置回升。

3. 从背离提示V图形态出现来看：MACD指标柱线在C和C1位置超跌反弹以后，指标明显出现回升趋势。低价区的指标柱线上行，提示D1位置的买点出现。C1 位置柱线数值要高于 C 位置，这是与股价底背离的买点信号。从超跌区域开始的 MACD 指标背离形态里，股价将告别低价区 D1 位置，V 图推动的反转也将从 D1 位置开始。

总结

在股价超跌回落的时候，MACD 指标并不会跟随股价单边下跌，而是与股价低位背离，提示价格低点的建仓交易机会。这种低价建仓机会与 V 图的底部一致，是能够轻松确认的低价买点。

4.2　MACD 指标 V 图提示股价反转

V 图反转出现在股价反转期间，是确认反转期间交易机会的方式。而 MACD 指标也会有 V 图反转的形态，指标进入 V 图反转状态以后，确认股价的买卖机会，就能够获得投资机会。MACD 指标的 V 图反转与股价同步形成，而指标的背离更好地提示了指标 V 图，指标交易机会就容易确认了。

4.2.1　MACD 高位背离推动股价 V 图反转

V 图形态出现期间，价格见顶的过程可以很快出现，当然有可能是一波三折的。在股价双向震荡的过程中，复杂的顶部 V 图形态出现期间，MACD 指标复杂背离形态总是会提前形成。当 MACD 指标持续背离以后，高价区的典型高抛交易机会就会出现。随着 DIF 线跌破 DEA 线，用死叉形态验证了下跌趋势。这个时候，MACD 指标的 DIF 线进入 V 图反转状态，股价加速下跌，卖点在高价区得到验证。MACD 指标 V 图推动的价格下跌趋势中，股价可以在反弹很少的情况下出现暴跌行情。

形态特征

A. MACD 背离提示高抛：MACD 指标背离提示高抛交易机会出现。价格高位的卖点不容忽视，能够在背离期间卖掉股票，容易获得最高价位的卖点。

B. MACD 死叉验证卖点：MACD 指标的死叉进一步验证指标顶部，死叉出现以后，MACD 指标开始回落，指标 V 图在这个时候出现。

C. 股价 V 图发酵：从背离最后一次完成以后，MACD 指标的 V 图形态已经出现。背离最后出现的时候，股价达到最高收盘价，这也是股价 V 图的卖点。指标死叉进一步推动价格下跌，及时减仓可以规避下跌趋势中遭受损失。

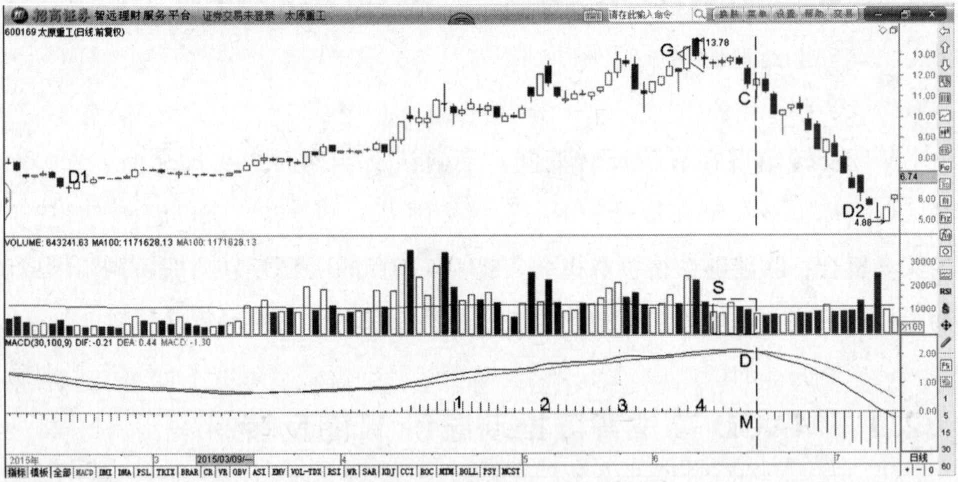

图 4-3　太原重工日 K 线

操作要领

1. 从 MACD 背离提示高抛来看：如图 4－3 所示，MACD 指标在 2、3、4 位置 3 次背离，G 位置的高抛交易机会在第三次背离期间出现。背离提示的卖点 G 已经是最高价的抛售机会。

2. 从 MACD 死叉验证卖点来看：MACD 指标在 D 位置出现死叉形态，进一步验证了股价顶部形态。死叉出现以后，MACD 指标开始回落，指标 V 图在这个时候出现，推动股价进入单边下跌趋势。

3. 从股价 V 图发酵来看：MACD 指标的背离和死叉形态以后，指标 V 图形态出现。指标 V 图出现期间，股价的 V 图反转形态从 G 位置开始。该股在 V 图反转期间单边下跌速度很快，几乎是以连续暴跌的形式触底到低价 D2 位置。

总结

价格回升期间，均线向上发散的力度取决于股价的强弱表现。MACD 指标在高位背离，均线发散趋势减缓，指标 V 图形态与股价 V 图同步出现，交易时机就会得到确认。

4.2.2　MACD 低位背离推动股价 V 图反转

股价在下跌趋势中跌幅加大，超过 50% 的下跌幅度出现以后，股价很难继续大幅回落。这个时候，MACD 指标的低位背离推动股价快速脱离低价区。背离提示的底部的第一个买点。随着股价脱离低价区，股价 V 图形态得到确认。在 MACD 指标底背离的前提下，股价进入回升趋势的涨幅将很快扩大。

实战当中，MACD 指标背离期间，DIF 线的 V 图形态比较明确。DIF 线由背离到金叉转换，再到单边回升趋势。股价同步进入上涨趋势中。其间，股价 V 图买点可以却认为是建仓机会。V 图买点在指标背离期间产生，股价进一步放量上涨的时候，V 图买点将不断得到验证。

形态特征

A. MACD 出现底背离：MACD 指标的底背离形态出现，股价杀跌到收盘价低点，低价买点可以用背离来验证。

B. 量能有效放大：背离以后股价放量上涨，成交量有效放大，推动价格不断走强。随着量能有效放大，买点也在这期间出现。

C. 金叉验证底部买点：MACD 指标的金叉验证了股价底部，指标的 V 图反转形态出现，提示股价的 V 图反转也在延续。确认反转后可以买入股票，提高收益空间。

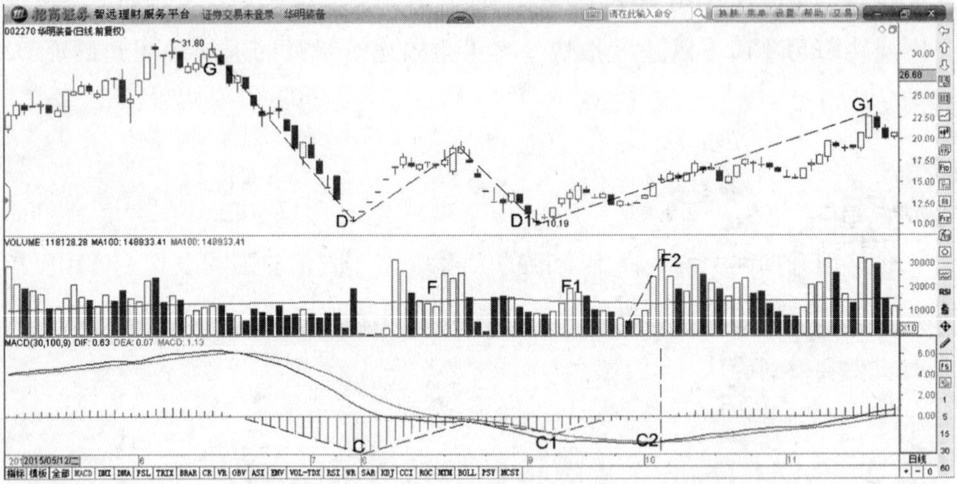

图 4-4　华明装备日 K 线

操作要领

1. 从 MACD 出现底背离来看：如图 4-4 所示，MACD 指标的 DIF 线从 C 回升到 C1，底背离形态出现，股价杀跌到收盘价低点，低价区 D1 位置的买点可以用背离来验证。

2. 从量能有效放大来看：背离以后股价在 F1 位置放量上涨，成交量有效放大，推动价格不断走强。随着 F1 量能有效放大，买点也在这期间出现。

3. 从金叉验证底部买点来看：MACD 指标的 C 位置金叉验证了股价底部，指标的 V 图反转形态出现，提示股价的 V 图反转也从 C2 位置开始。确认 MACD 反转后，股价从 D1 位置进入放量运行状态，F2 位置的量能放大验证了 V 图反转后的价格趋势。持有该股的过程中，单边回升趋势中可以继续盈利到 G1 位置。从 D1 位置到 G1 位置，涨幅和投资者盈利高达 120%。

总结

MACD 指标在低价区背离以后，指标回升速度并不快，但是指标背离很好地提示了最低价的买点。随着 MACD 指标 V 图的形成，股价 V 图反转延续。回升趋势就是 V 图反转后趋势延续的结果，持股可以大幅盈利。

4.3　RSI 指标背离异动

当 RSI 指标出现背离异动时，价格在单边趋势中波动空间会很大，指标异动提示股价即将反转。典型的 RSI 指标背离异动以后，股价会在背离后出现反转信号。背离与价格反转的时间一致，通常背离就意味着股价开始反转。典型的背离连续出现以后，相似的价位附近买卖股票，就可以将股票卖在高位或者买在低点，提高收益空间。

4.3.1 RSI 指标高位背离 V 图

RSI 指标在价格回升期间出现顶背离，该指标的背离是股价累计上涨天数增加，股价震荡期间超买的信号。RSI 指标高位背离回调，提示价格高位的抛售机会出现。短时间内相似的价位上出现了股价顶部形态，RSI 指标在股价反弹上涨期间涨幅有限，背离提示高抛交易机会形成。

通常，RSI 指标典型的抛售机会出现在背离以后，一次背离提供的高抛卖点就是相对真实的高抛机会。而如果当背离次数增加，高抛卖点的可靠性大幅回升，这个时候在高价区抛售股票，能够获得更高的回报，同时将损失降到最小。

如果使用计算周期为 12 日的 RSI 指标判断背离，那么该指标发出背离信号以后，通常就是最典型的高抛交易机会。在背离后开始卖掉股票，可以将股票卖在最高价位。

形态特征

A. 股价从低价区回升：从低价区回升以后，股价在放量状态下涨幅不断飙升。价格涨幅可接近或超过 60%，高价区的顶部信号出现。

B. RSI 指标高位背离：RSI 指标与股价顶背离，指标在股价收盘达到新高期间滞涨，提示价格上涨到位，背离后顶部卖点出现。

C. 缩量推动股价见顶：背离卖点确认以后，股价在高价区出现了缩量信号。量能低于 100 日等量线的情况下，股价缩量回落。缩量下跌验证了顶部形态，卖点得到确认。股价下跌期间，最后一次逃顶机会出现。

操作要领

1. 从股价从低价区回升来看：如图 4－5 所示，从低价区的 8.74 元开始，股价进入单边回升趋势，价格在放量状态下涨幅达 66%，高价区的顶部信号出现在 G 位置。

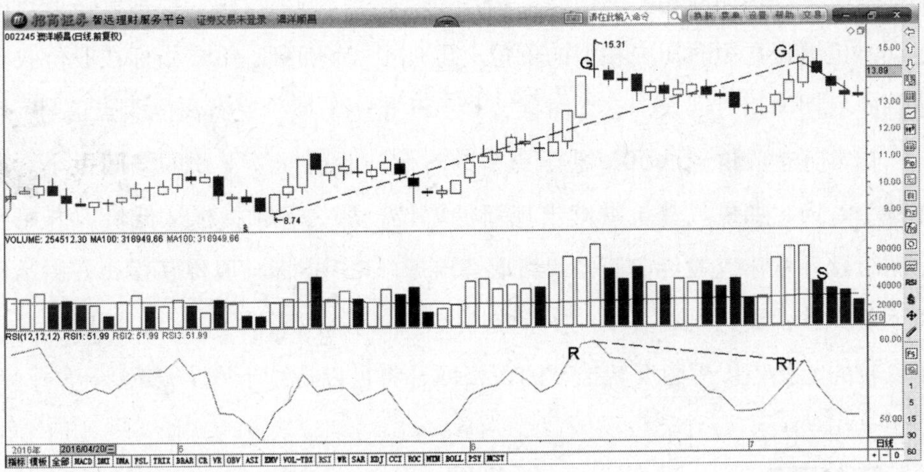

图 4－5　澳洋顺昌日 K 线

2. 从 RSI 指标高位背离来看：指标从 R 位置回调到 R1 位置的时候，股价收盘价达到 G1 位置。G1 位置相对 G 位置小幅回升，表明 RSI 指标与股价顶背离。高抛卖点在股价收盘达到新高的 G 位置出现。

3. 从缩量推动股价见顶来看：背离卖点确认以后，股价在 G1 位置已经连续回调。同时成交量显著萎缩，量能在 S 位置回调到低于 100 日等量线的时候，股价已经进入下跌状态。背离确认的顶部 G1 位置被股价缩量下跌验证，该股已经真正见顶回落。

总结

首次背离就确认了股价高位卖点，选择高抛交易机会，可以在背离以后开始。股价反转走势的位置与 V 图反转一致，是 V 图形态中股价进入下跌趋势的起点。背离提示了 V 图顶部反转，卖点是可靠的交易机会。

4.3.2　RSI 指标低位背离 V 图

RSI 指标在价格回落期间出现底背离，该指标的背离是股价累计下跌天数增加，股价震荡期间超卖的信号。RSI 指标在低位背离反弹，提示价格低点的建仓时机出现。短时间内相似的价位上出现了股价底部，RSI 指标在股价收盘达到新低期间相对回升，这个时候，是 RSI 指标与股价底背离的买点信号。

通常，在股价超跌 50% 甚至更多的时候，股价继续下跌的空间很小。而在这个时候，如果收盘价继续出现新低价位，那么 RSI 指标从低价区开始反弹的时候，意味着股价在低位背离形态出现。RSI 指标与股价底背离，提示价格下跌到位，买点出现。RSI 指标与股价底背离期间确认了买点，同时也是 V 图反转的起始点。V 图反转推动的价格回升将可以持续下来。

形态特征

A. 股价从高位回落：价格从高价区回落以后，股价在缩量状态下跌幅不断扩大。连续下跌超过 50% 以后，股价进入超跌状态，低价区的触底形态将会出现。

B. 缩量底部出现：股价在回落趋势中超跌以后，进一步出现了缩量底部价位。更低的收盘价对应量能较小，表明缩量底部的买点出现。

C. RSI 指标底背离提示买点：RSI 指标在回调到低价区以后，股价继续回落期间，指标出现了反弹走势。低价区 RSI 指标先于股价企稳，体现了指标和股价背离形态出现，意味着抄底机会形成。

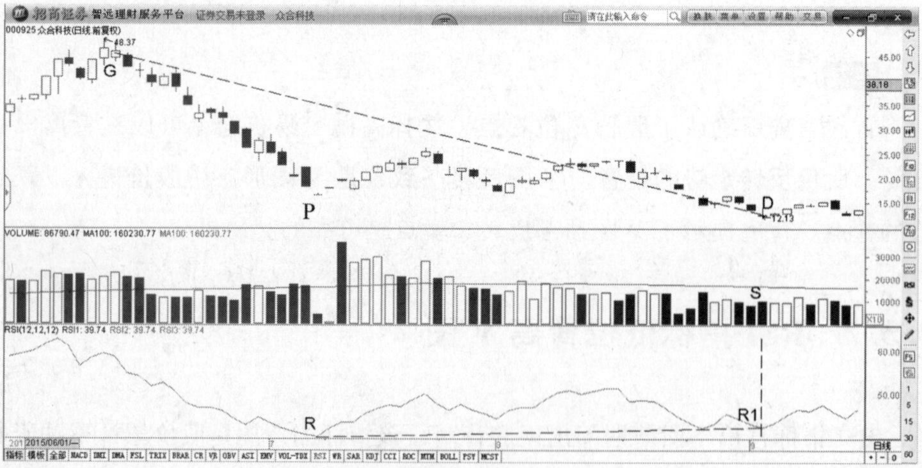

图 4-6 众合科技日 K 线

操作要领

1. 从股价从高位回落来看：如图 4－6 所示，该股从高价区 G 位置回落以后，股价在缩量状态下单边回落到 P 位置的 16 元附近，跌幅高达 65%。可见该股已经显著超跌，熊市对持股投资者的影响极大，下跌趋势中持股意味着巨亏。

2. 从缩量底部出现来看：在回落趋势中超跌以后，进一步出现了 D 位置的缩量底部。更低的收盘价对应量能较小，表明抛售压力减小以后，股价继续回落空间不大。

3. 从 RSI 指标底背离提示买点来看：RSI 指标在股价达到 P 位置期间触底，股价继续回落的时候，RSI 指标回升到 R1 位置。这与股价这期间下跌到 D 位置形成背离。该已经显著超跌的时候，底背离确认的 D 位置买点更加准确。

总结

股价在熊市中大幅杀跌，超跌反弹与股价跌幅有关，是在 RSI 指标背离回升的情况下出现的底部买点。随着低价买点的确认，投资者在股价还未大幅上涨的时候采取行动，可以在低价买入股票。

4.4　RSI 指标 V 图提示股价反转

RSI 指标背离形态确认以后，股价进入顶部反转状态。随着反转走势延续，价格波动空间加大。这个时候，股价反转期间的交易信号更加显著。作为 V 图反转形态的重要确认指标，RSI 指标的背离第一时间验证了股价反转点位，提示投资者交易机会出现。

4.4.1 RSI 指标高位背离推动股价 V 图反转

在 RSI 指标与股价顶背离期间，指标先于股价回落后，高价区的卖点出现。随着背离确认了高价卖点，V 图反转的起始点也出现在背离期间。V 图推动的股价下跌趋势从背离开始，进入下跌趋势以后，股价与 RSI 指标同步回落。下跌趋势不会轻易结束，特别是量能维持缩量状态的时候，这种弱势格局促使股价不断扩大跌幅。最终，V 图反转后单边下跌趋势中股价跌幅不断加大。

形态特征

A. RSI 背离提示高抛：RSI 指标背离提示高抛交易机会出现。价格高位的卖点在首次背离期间得到确认，股价进入缩量下跌状态，投资者能够在背

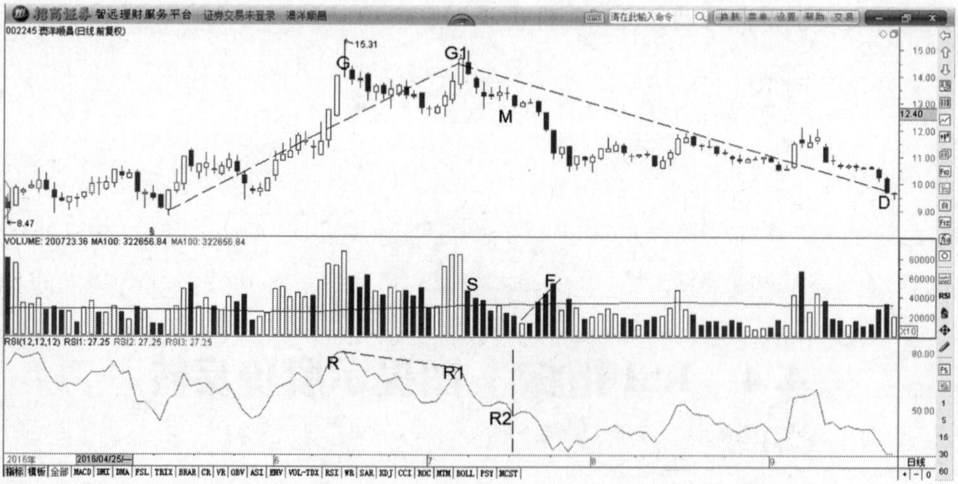

图 4-7 澳洋顺昌日 K 线

离期间卖掉股票，就可以获取最高价卖出股票带来的收益。

B．股价缩量回落：在 RSI 指标的背离形态出现以后，股价出现缩量回落走势。缩量下跌是多方不再掌控局势，股价在抛售压力增加的情况下进入回落趋势。

C．V 图反转走势发酵：背离出现以后，RSI 指标的 V 图形态就已经出现。RSI 指标从高位回落，并且跌破了 50 线，推动价格进入放量下跌状态。股价与 RSI 指标同步进入 V 图反转回落趋势，卖点得到验证。

操作要领

1．从 RSI 背离提示高抛来看：如图 4－7 所示，RSI 指标背离提示高抛交易机会出现。价格高位 G1 位置的卖点在首次背离期间得到确认，股价进入缩量下跌状态，投资者能够在背离期间卖掉股票，就可以获取最高价卖出股票带来的收益。

2．从股价缩量回落来看：在 RSI 指标的背离形态出现以后，M 位置股价出现缩量回落走势。缩量下跌是多方不再掌控局势，股价在抛售压力增加的情况下进入回落趋势。

3．从 V 图反转走势发酵来看：背离出现以后，RSI 指标的 V 图形态就已经出现。RSI 指标从 G1 高位回落，并且跌破了 50 线，推动价格进入放量下跌状态。股价与 RSI 指标同步进入 V 图反转回落趋势，卖点得到验证。

总结

RSI 指标在高位背离回落，提示股价顶部的高抛交易机会形成。RSI 指标的背离提示 V 图形态出现，指标进入回调趋势以后，股价同样在背离后开始下跌。RSI 指标与股价同步进入 V 图反转趋势，高抛卖点随后得到确认。

4.4.2　RSI 指标低位背离推动股价 V 图反转

在股价超跌的情况下，低价区 RSI 指标开始背离回升，推动股价出现企稳动作。在RSI指标同步上行的过程中，交易机会出现在低价区。背离提示的买点非常重要，首次背离就可以确认V图反转的低价区买点。随着背离次数增多，低价区的买点进一步得到确认。V图反转的走势将能够持续下来。

实际上，股价背离提示的V图形态早于股价出现底部。在首次背离以后，股价V图形态出现。价格从最低价开始反弹的时候，即便今后股价还会出现调整，调整空间也会明显收窄。只要投资者在背离阶段继续采取建仓策略，就能够在股价V图反转期间扩大收益。

形态特征

A. RSI出现底背离：RSI指标的底背离底部形态出现以后，超跌期间的首个低价买点出现。计算周期为12日的RSI指标首次背离可以提示股价触底，买点的建仓机会是典型的抄底价位。

B. 缩量V图底部买点出现：在RSI指标背离的时候，成交量已经处于低位。缩量状态下股价活跃度降到最低。量能萎缩提示股价跌无可跌，抄底建仓机会出现。

C. RSI指标背离进一步确认买点：RSI指标第二次与股价底背离，背离

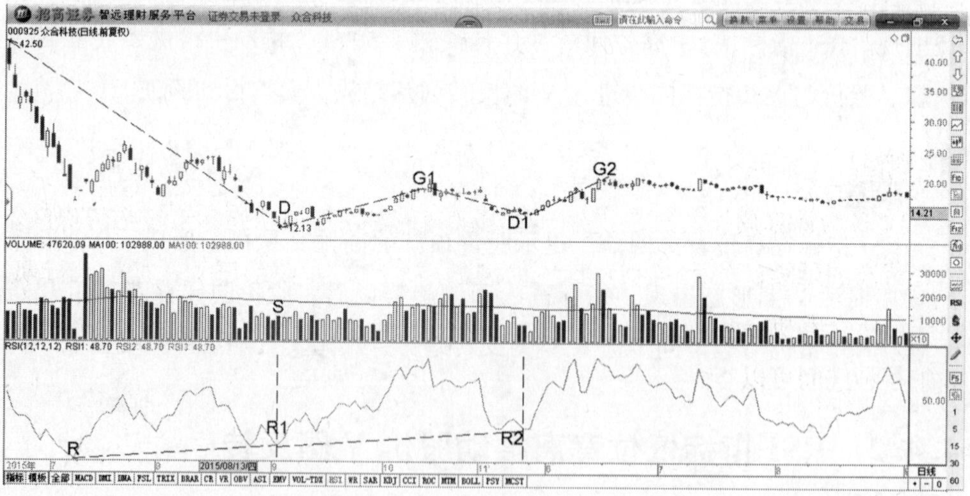

图4-8　众合科技日K线

买点进一步确认。第二次背离以后，RSI 指标的 V 图反转已经向纵深发展。而股价的 V 图反转的低价买点再次出现，可以二次建仓获取廉价筹码。

操作要领

1. 从 RSI 出现底背离来看：如图 4－8 所示，股价暴跌到 D 位置，从前期高位累计跌幅 70%。RSI 指标的底背离底部形态出现以后，超跌期间的首个低价买点出现在 D 位置。计算周期为 12 日的 RSI 指标首次背离可以提示股价触底，典型的 D 位置的买点不容忽视。

2. 从缩量 V 图底部买点出现来看：RSI 指标与股价走势背离的时候，指标已经从 R 回升到 R1 位置。指标 V 图从 R 位置开始，而 R1 位置只是 RSI 指标回升期间的一个回调低点，上行趋势不变。R1 位置成交量已经萎缩到 S 位置，缩量状态下股价活跃度降到最低。而 D 位置的缩量底部买点不容忽视。

3. 从 RSI 指标背离进一步确认买点来看：RSI 指标在 R2 位置与股价二次底背离，背离买点进一步确认。第二次背离以后，RSI 指标的 V 图反转后回升趋势延续。而股价的 V 图反转的低价买点出现在 D1 位置，可以二次建仓获取廉价筹码。从背离后价格表现看，股价 V 图推动的价格上涨期间，股价从 D 到 G1、从 D1 到 G2，涨幅分别达 60%、40%。

总结

12 日为计算周期的震荡指标 RSI 出现背离形态，表明指标已经在低价区。随着背离的延续，指标进入 V 图反转状态，股价的 V 图形态也在指标上行期间确认。交易机会稍纵即逝，在 RSI 指标和股价 V 图同步出现以后，回升趋势中盈利空间可以很大。

4.5 ASR 见底异动提示 V 图反转

浮筹指标 ASR 的数值越高，表明价格处于高浮筹的价格区域，脱离高浮筹的价格区域，股价需要有很强的突破力度才行。而浮筹指标 ASR 在低位运行的时候，是股价远离高浮筹价格区域的信号。通常，股价远离了高浮筹价格区域，意味着股价会改变当前的价格运行状态而进入突变走势，这将是典型的交易机会。在浮筹指标 ASR 见底或者见顶的时候，都会出现典型交易机会，成为 V 图反转前的买卖点。

4.5.1 ASR 见底和 V 图低价反转

在价格震荡期间，如果股价走势并不是很弱，那么价格持续下跌的情况并不会长期延续。当股价远离高浮筹的价格区域以后，低价区的买点就会出现。用浮筹指标 ASR 来表示价格脱离浮筹区域的突破效果，指标大幅回落的时候，是价格远离浮筹区域的信号。如果指标回落幅度很大，达到中短期的最低位置，那么将是股价在低位触底的信号。根据 ASR 指标来确认低价区的 V 图反转机会，来判断低价区的建仓时机，可以获得成功。

缩量情况下，股价可以达到比较低的价位。用浮筹指标来判断股价下跌到位，确认缩量状态下低价买点。从判断的效果来看，是比较有效的。低浮筹意味着股价远离短线投资者的持股成本，价格下跌期间，股价低于一部分投资者的持股价位，这是低价、低浮筹状态下的建仓交易信号。

形态特征

A. 股价缩量回调：成交量萎缩期间，股价缩量回调到短线低位。价格回调持续时间长，股价累计跌幅显著扩大。

B. 浮筹指标 ASR 触底：浮筹指标 ASR 从高位回落，并且达到调整阶段的最低位，提示股价在下跌期间远离高浮筹区域，预示着股价短线触底。

C. ASR 提示 V 图底部买点：浮筹指标在中短期弱势震荡期间触底，提示股价也在缩量下跌期间见底。V 图低价买点出现，在 ASR 指标处于低位期间买入股票，可以获取廉价筹码。

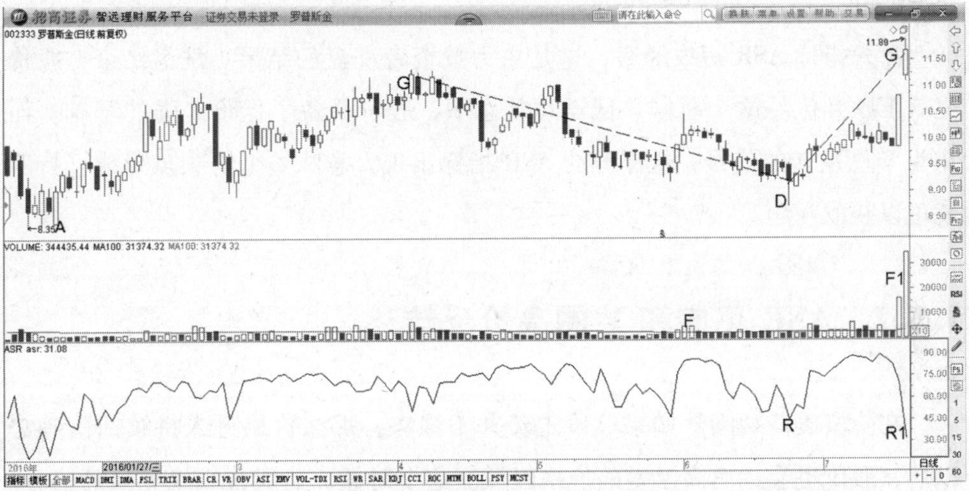

图 4－9　罗普斯金日 K 线

操作要领

1. 从股价缩量回调来看：如图 4－9 所示，成交量萎缩期间，F 位置的脉冲放量情况并不常见。成交量始终没有达到 100 日等量线上方，使得股价在缩量状态下从 G 位置回落到 D 位置，跌幅达 20%。

2. 从浮筹指标 ASR 触底来看：R 位置是浮筹指标 ASR 从高位回落的结

果，该指标达到了短线低位，显示股价在下跌期间远离高浮筹区域。R 位置浮筹指标数值为 45，显然股价明显要低于高浮筹价格区域。作为局部调整的低位，ASR 指标在 R 位置触底，意味着接下来股价将再次回升到高浮筹价格区域，D 位置是该股短期低价的买点位置。

3. 从 ASR 提示 V 图底部买点来看：浮筹指标在中短期弱势震荡期间触底，表明股价的 V 图底部出现在 D 位置。低浮筹的状态下，该股下跌到位。接下来成交量放大期间，该股进入回升趋势，并且在加速状态期间达到高位 G。F1 位置的量能放大推动价格上涨，而 R1 位置浮筹指标回落，提示股价正在回升期间加速脱离高浮筹区域。

总结

浮筹指标 ASR 短线触底，这是主力投资者洗盘的结果。洗盘结束，股价也就下跌到位。这个时候，低浮筹状态下，股价具备了低价走强的基础。而作为 V 图反转的信号，低浮筹的 ASR 指标出现，意味着低价买点形成，持股就可以获取利润。

4.5.2 ASR 见底和 V 图高价反转

在价格震荡期间，如果股价走势并不强势，那么价格进入持续回落趋势以后，股价也会远离高浮筹的价格区域。这个时候，是股价短线见顶的信号。高浮筹的价格区域，股价正处于低位运行，而低浮筹的价格区域，股价已经达到高位，抛售机会出现。

量能不会持续放大的情况下，股价可以达到相对高位，但是不会单边上涨。浮筹指标 ASR 从高位回落，体现了价格有效脱离了高浮筹价格区域，意味着股价上涨期间见顶。使用 ASR 指标判断股价见顶，通常是比较有效的方式。

浮筹指标 ASR 见顶，意味着股价的高位 V 图反转形态得到确认。如果从高浮筹的价格高位开始卖掉股票，那么投资者可以规避下跌趋势中的持股风险。在价格回升力度不够大的情况下，价格脱离高浮筹区域，意味着股价上涨到位。价格进入顶部区域，V图反转形态推动的下跌趋势中，股价在下跌期间跌幅更大，这值得投资者关注。

形态特征

A. 股价小幅度放量上涨：成交量短线小幅度放大的时候，股价回升到短线高位。价格持续回升时间较长，股价累计涨幅显著扩大。

B. 浮筹指标ASR触底：浮筹指标ASR从高位回落，并且达到调整阶段的最低位，提示股价在上涨期间已经远离高浮筹区域，预示着股价短线见顶，高抛交易机会出现。

C. ASR提示V图顶部卖点：浮筹指标在中短期快速调整期间触底，提示股价也在小幅放量阶段见顶。V图高价卖点出现，在ASR指标处于低位期间卖出股票，可以显著降低下跌趋势中遭受的损失。

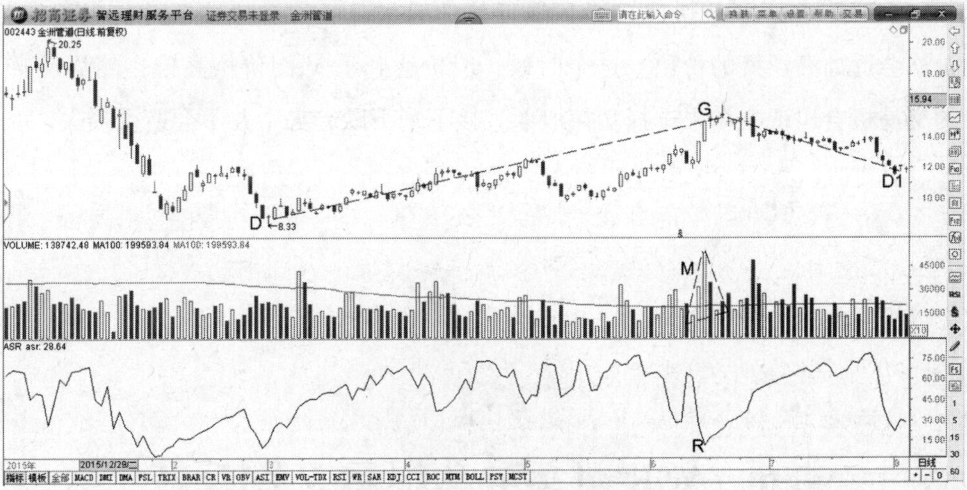

图4-10 金洲管道日K线

操作要领

1. 从股价小幅度放量上涨来看：如图 4－10 所示，成交量短线小幅度放大的时候，量能并没有显著突破 100 日等量线。股价从 D 位置回升到短线高位 G，价格持续回升 3 个月，股价累计涨幅接近 100%。

2. 从浮筹指标 ASR 触底来看：浮筹指标 ASR 从高位回落，并且达到调整阶段的最低位 R 位置。指标从短线高位回落速度很快，表明股价是在短时间内远离高浮筹区域。提示股价在上涨期间已经涨幅过大，预示着该股已经出现见顶迹象。

3. 从 ASR 提示 V 图顶部卖点来看：ASR 指标在短期快速调整到 R 位置的时候，量能在 M 位置充分释放，股价达到 G 位置的高价区卖点位置。浮筹指标在 R 位置触底，表明股价在 G 位置出现了 V 图反转的卖点。价格从 G 位置下跌到 D1 的时候，跌幅快速扩大到 20%。

总结

当浮筹指标 ASR 快速接近短线低位的时候，股价在持续回升的过程中，价格会远离高浮筹的价位。这个时候，股价达到了 V 图价格高位，趋势反转的交易机会出现。如果选择卖掉股票，接下来下跌趋势中并不会遭受损失。

4.6 ASR 见顶异动提示 V 图反转

浮筹指标 ASR 的数值越高，表明价格处于高浮筹的价格区域，这个时候股价调整到位。如果高浮筹的价格区域股价开始加速运行，价格脱离高浮筹区域的时候，是趋势出现的时刻。实战当中，可以使用 ASR 指标来判断典型的交易机会。在高浮筹的情况下，股价处于突破的前期，同时也是 V 图形态的反转阶段，是投资者反向交易的有利时机。确认高浮筹期间的典型交易时机，投资者能够在趋势出现前把握最佳买卖点。

4.6.1　ASR 见顶和 V 图低价反转

在股价进入回落趋势以后，价格下跌期间，筹码向低价区转移。高价区的多数筹码向下转移以后，股价虽然跌幅加大，却处于高浮筹的价格区域。低价区的浮筹数量较多，ASR 指标飙升到高位，就可以证明这一点。低价区，股价进入高浮筹的价格区域，表明股价已经在多数投资者的持仓成本附近。

低价区，ASR 指标数值达到高位，说明股价短线脱离高浮筹的可能性不大。但是如果量能有效放大，就是股价摆脱高浮筹的价格区域的机会。事实上，股价放量上涨，证明主力投资者已经开始拉升股价。起始于高浮筹的价格低位的回升趋势，成为 V 图反转的起始点位。V 图的低价区的反转点位，也就是 ASR 达到高位的价位。

形态特征

A．股价缩量下跌接近 50%：当股价缩量下跌接近 50% 的时候，价格在下跌期间已经超跌，提示缩量状态下的股价下跌接近尾声，低价区的买点信号即将出现。

B．浮筹指标重拾高位：浮筹指标在股价高位回落期间震荡下跌，直到指标回落到低点并且二次回升。ASR 指标达到高位的时候，显示价格进入高浮筹价格区间。

C．放量推动 V 图形成：量能在低价区放大，股价从高浮筹区域反弹，低价区的买点出现。量能充分放大到 100 日等量线上方，股价有效摆脱高浮筹区域阻力，推动 V 图形态出现。

图 4－11　中原内配日 K 线

操作要领

1. 从股价缩量下跌接近 50% 来看：如图 4－11 所示，股价从 G1 位置下跌以后，该股缩量下跌接近 50% 的时候，价格回落到 D 位置的低点。这个时候，该股处于明显的超跌状态。量能持续萎缩，成交量在 S 位置明显低于 100 日等量线，提示缩量状态下的股价下跌接近尾声。

2. 从浮筹指标重拾高位来看：浮筹指标从 R 位置回落以后，指标已经在股价下跌期间大幅回落。当股价继续回落到 D 位置的低价区，浮筹指标 ASR 回升到 R1 位置，显示 D 位置的股价已经进入高浮筹价格区间。

3. 从放量推动 V 图形成来看：量能在低价区放大，F 位置的量能达到 100 日等量线的 3 倍以上，表明主力拉升股价的决定已定。股价从高浮筹的 D 位置反弹，低价区的 V 图反转买点出现在 D 位置。

总结

股价在低价区出现了高浮筹的情况，表明筹码已经多数转移到价格低位。

考虑到低价区的量能已经显著萎缩，股价超跌后放量脱离高浮筹区域，这是确认 V 图反转的信号，同时也是 V 图反转后的低价买点。

4.6.2　ASR 见顶和 V 图高价反转

在股价回升期间，价格飙升空间扩大以后，牛市行情的顶部区域筹码转移规模增加。牛市结束前，主力投资者会大幅卖掉股票，使得筹码转移到散户投资者手中。从浮筹指标 ASR 的表现看，该指标甚至能够高达 80 以上。高浮筹的状态下，主力在价格高位拉升股价的决心越来越弱。随着缩量调整的展开，高价区同时也是高浮筹区域的卖点得到确认。股价在高价区出现了高浮筹的顶部，可以确认为 V 图反转的顶部价位。从高浮筹的顶部开始，股价进入单边回落趋势，卖点与 ASR 指标体现的高浮筹价位一致。

形态特征

A. 股价涨幅可超过 100%：股价在回升趋势中涨幅可超过 100%，牛市中价格飙升空间加大，主力投资者完全有动力高抛卖掉股票。这个时候，是

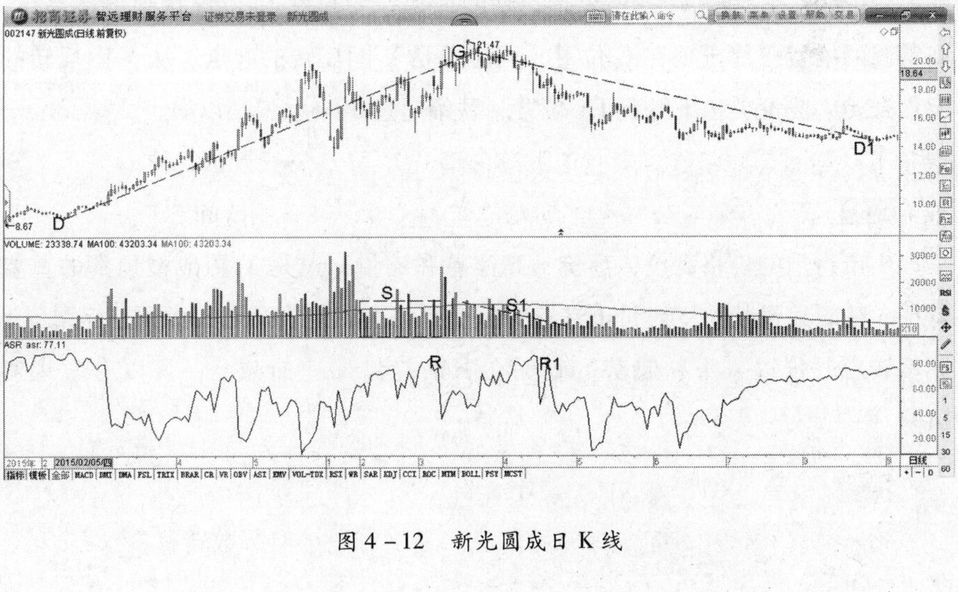

图 4－12　新光圆成日 K 线

股价出现见顶信号的机会。

B. 价格高位出现缩量：成交量开始萎缩以后，量能萎缩并且低于 100 日等量线，价格高位的抛售机会出现。如果量能持续低于 100 日等量线，缩量状态下股价反弹，将是缩量顶部抛售机会。

C. 高浮筹的 V 图卖点出现：高浮筹状态下，股价已经达到价格高位。筹码大量转移到价格顶部，这个时候，V 图的反转价位起始于高浮筹的顶部，是典型的高价抛售机会。

操作要领

1. 从股价涨幅可超过 100% 来看：如图 4－12 所示，股价从低价区 D 位置开始回升，价格回升到 G 位置的价格高位，涨幅高达 130% 的情况下，该股已经处于有利可图的高价区。这个时候，主力高抛的概率很大。

2. 从价格高位出现缩量来看：成交量在 S 位置已经开始萎缩，量能明显低于 100 日等量线，价格高位的抛售机会出现。接下来，量能在 S1 位置继续低于 100 日等量线，缩量状态下该股已经无法继续回升。

3. 从高浮筹的 V 图卖点出现来看：高浮筹状态下，ASR 数值已经达到 R 和 R1 位置的 80 附近。结合量能萎缩的前提，股价在 G 位置达到价格高位。高筹码的缩量顶部出现在 G 位置，同时也是 V 图反转的起点。从 V 图反转的起点开始，股价单边下跌到 D1 位置，跌幅超过 30%。

总结

牛市行情的价格高位，高价、高浮筹和缩量，这是 V 图典型顶部的重要特征。随着缩量状态下股价上涨乏力，交易机会出现在高浮筹的顶部区域。V 图反转后股价进入下跌趋势，确保在下跌趋势加速前减仓，可以有效规避风险。

4.7　ROC 横盘提示 V 图圆弧底

波动率指标 ROC 体现了价格波动幅度，是最直观的表现股价波动率的指标。如果 ROC 指标在形态上表现为横盘运行特征，那么 V 图反转形态就会出现在这个时候。横盘期间的 ROC 指标体现了股价短期累计波动空间收窄，股价将出现方向性选择，而指标横盘便是股价选择突破方向的信号。

4.7.1　ROC 相对低位横盘提示 V 图圆弧底

牛市行情的价格高位，ROC 指标已经处于高价区。当股价进入回落趋势以后，ROC 指标从高位回落，提示价格累计波动空间表现为跌势。这个时候，投资者可以看到 ROC 指标单边回落，但是总会出现触底信号。ROC 指标回落到低位，并且出现了横盘运行状态，这是股价短期跌幅收窄的信号。ROC 指标横盘运行，如果指标不再下跌，那么股价下跌已经显著趋缓。0 轴线下方，ROC 指标已经处于横盘状态，股价下跌趋缓意味着价格将会出现止跌信号。技术性反弹从 ROC 横盘开始。而典型的单边回升趋势同样起始于 ROC 横盘的低价区。

圆弧底的反转形态从 ROC 指标横盘开始。圆弧底的底部区域价格波动空间很小，这符合 ROC 的横盘运行特征。而 V 图反转就起始于低价区圆弧底形态。确认了 ROC 指标的横盘低点，投资者也就确认了 V 图反转期间的圆弧底买点。

形态特征

A. 股价显著缩量下跌：成交量显著萎缩，量能从100日等量线以上萎缩以后，直到成交量显著低于100日等量线，股价出现缩量底部特征。

B. ROC低位横盘：ROC指标在低位横盘，表明股价下跌幅度减弱。指标跌势收窄意味着股价出现了底部特征。波动空间上减弱，显示圆弧底部的缓慢反弹形态出现。

C. 低价区V图圆弧底出现：成交量萎缩的情况下，股价下跌趋缓，ROC指标横盘期间，价格的K线形态上表现为缓慢反弹趋势。这个时候，圆弧底形态出现。圆弧底反转形态也是V图反转的推动形态，圆弧底的低价对应了V图形态买点。

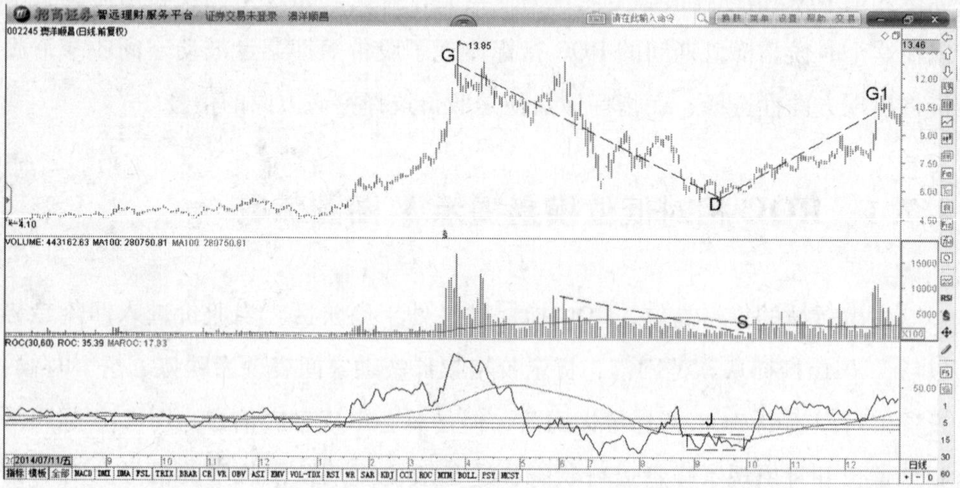

图4－13　澳洋顺昌日K线

操作要领

1. 从股价显著缩量下跌来看：如图4－13所示，成交量显著萎缩到S位置，量能在S位置显著低于100日等量线，表明股价的缩量底部出现。S位置的量能低位，成交量不再萎缩，股价触底。

2. 从ROC低位横盘来看：ROC指标从高位50以上回落，直到图中J位置，指标已经出现横盘形态。J 位置的 ROC 指标横向运行，恰好是股价达到低价区 D 位置的时候。表明股价下跌趋缓，低价区的圆弧底形态正在形成。

3. 从低价区 V 图圆弧底出现来看：成交量萎缩到 S 位置，这是缩量趋势推动股价触底 D 位置。ROC 指标横盘在 J 位置期间，价格已经缓慢触底。D 位置圆弧底完成，推动股价 V 图在低价区形成。圆弧底形态同样存在最低价买点，而 V 图形态的底部可以是低价区的圆弧底，买点在这个时候出现。价格从 D 位置飙升到 G1 位置，涨幅达 100%，完成了 G－D－G1 的 V 图反转形态。

总结

V 图反转形态从 ROC 止跌开始，从股价圆弧底形态开始。确认了缩量圆弧底以后，价格 V 图形态中股价单边回升。收盘价不断创新高，持股在 V 图反转阶段，盈利空间将持续回升。

4.7.2　ROC 相对高位横盘提示 V 图圆弧底

熊市行情的价格低位，股价下跌空间加大，而且 ROC 指标也已经处于低位。ROC 指标数值止跌回升，并且已经与股价下跌趋势背离的时候，相对高位出现了 ROC 指标的横盘运行形态。这个时候，ROC 指标先于股价企稳，这是低价区买入股票的机会。ROC 在相对高位横盘的时候，股价表现为圆弧底形态，提示股价触底。实际上，V 图形态从圆弧底开始，买点就在圆弧底位置。一旦股价开始回升，上涨期间的 ROC 指标的横盘信号就提示了抄底机会。

回落趋势中，在 ROC 指标率先企稳以后，股价进入 V 图反转阶段。价格上涨可以在较长时间内持续。从一个高位到另一个价格高位，股价 V 图反转后的涨幅扩大。

形态特征

A. 股价缩量暴跌：股价出现缩量暴跌走势，这是价格进入回落趋势的信号。随着熊市期间股价跌幅扩大，量能显著萎缩的时候，股价在低价区回落到位。

B. 相对高位 ROC 横盘企稳：ROC 指标首先与股价背离，然后在相对高位出现了横盘形态。ROC 指标横盘企稳，提示股价在回落趋势中企稳。

C. ROC 推动 V 图反转形成：在 ROC 指标横盘企稳推动下，股价在低价区出现了圆弧底的反转。而圆弧底反转出现在缩量状态下，可以视为 V 图反转的推动形态。从圆弧底低点开始，就已经出现了低价区的 V 图买点。

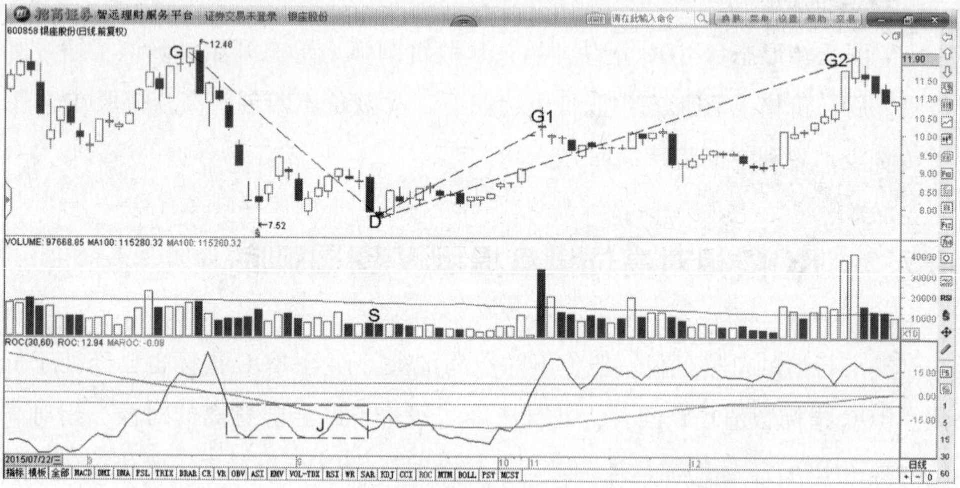

图 4－14　银座股份日 K 线

操作要领

1. 从股价缩量暴跌来看：如图 4－14 所示，从 G 位置到图中 D 位置，股价出现缩量暴跌走势，该股已经在下跌趋势中扩大跌幅。股价继续下跌达 30%，量能在 S 位置显著缩量，该股下跌接近底部。

2. 从相对高位 ROC 横盘企稳来看：ROC 指标首先与股价背离，并且在 J 位置的相对高位出现了横盘形态。ROC 指标横盘企稳，提示股价下跌到位，买点出现。

3. 从 ROC 推动 V 图反转形成来看：ROC 指标在 J 位置横盘企稳，股价在低价区出现了圆弧底的反转。D 位置的低价是圆弧底的最低价位，低价区 V 图反转的最低起点为 D 位置，其后股价飙升到 G1 和 G2 位置，涨幅高达 30% 和 55%。

总结

价格下跌趋势在 ROC 背离期间趋缓，在 ROC 相对高位横盘期间结束。确认 ROC 指标横盘形态，也就掌握了波动趋缓的圆弧底部形态，这有助于投资者确认低价 V 图反转的买点。

4.8　ROC 横盘提示 V 图圆弧顶

ROC 指标在形态上表现为横盘特征，提示股价在回升趋势中涨幅到位。指标波动空间收窄，甚至出现横盘状态，表明股价回升结束，提示高价卖点出现。牛市行情中 ROC 指标最直接体现了股价的顶部特征，指标的弱势表现是股价上涨乏力的体现，意味着 V 图顶部形态出现，是股价即将进入单边回落走势的信号。

4.8.1 ROC 相对高位横盘提示 V 图圆弧顶

牛市行情中，ROC 指标已经在股价回升期间大幅飙升，并且达到了数值上的高位。ROC 指标高位运行，正是价格强势的表现。随着高价区 ROC 指标回升趋势减缓，横盘状态下的 ROC 指标提示股价上涨乏力，高价区的反转信号出现。ROC 指标在高位横盘期间，价格波动空间不断减弱，甚至出现了回落走势，这是圆弧顶出现的信号。圆弧顶出现在价格高位，意味着 V 图反转进入实质性阶段。从圆弧顶开始，股价将会加速杀跌。股价进入震荡下跌状态以后，下跌期间投资者的减仓交易机会早已经确认。

圆弧顶的反转形态从 ROC 指标横盘开始。圆弧顶的顶部区域价格波动空间很小，这符合 ROC 的横盘运行特征。而 V 图反转起始于高价区圆弧顶形态。确认了 ROC 指标的横盘低点，也就确认了 V 图反转期间的最高价卖点。

形态特征

A. 股价显著回升 100%：放量上涨期间，量能推动的股价涨幅可以高达 100%。但是放量的过程并非不可逆转，在量能低于 100 日等量线的时候，成交量显著萎缩，股价高位卖点在缩量期间形成。

B. ROC 高位横盘：ROC 指标在股价上涨期间同步回升，在股价涨幅过大的时候，指标横向震荡。ROC 高位横盘，表明股价上涨幅度减弱，高价区的价格进入顶部区域。

C. 高价区 V 图圆弧顶出现：成交量萎缩的情况下，股价回升趋缓，ROC 指标横盘期间，价格在 K 线形态上表现为缓慢反转形态。这个时候，圆弧顶形态正在出现。圆弧顶反转形态也是 V 图反转的推动形态，圆弧顶的高价对应了 V 图形态卖点。

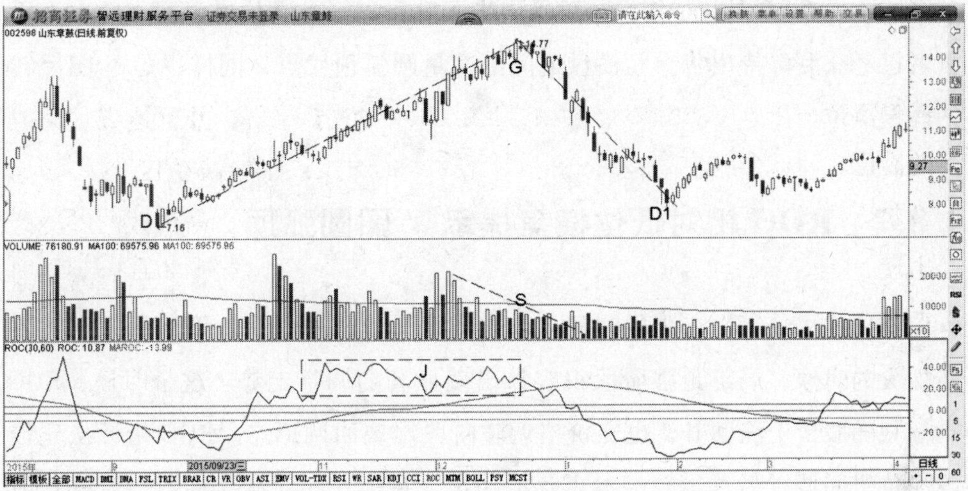

图 4－15　山东章鼓日 K 线

操作要领

1. 从股价显著回升 100% 来看：如图 4－15 所示，股价从 D 位置放量上涨期间，量能推动的股价涨幅达 G 位置高位，涨幅高达 100%。但是放量的过程并非不可逆转，成交量在 S 位置持续萎缩并且低于 100 日等量线的时候，股价高位卖点在缩量期间形成。

2. 从 ROC 高位横盘来看：ROC 指标在股价上涨期间同步回升，但是股价涨幅过大的时候，指标在 J 位置横向震荡。ROC 高位横盘，表明股价上涨幅度减弱。ROC 横盘 2 个月后，高价区的 G 位置的卖点出现。

3. 从高价区 V 图圆弧顶出现来看：成交量在 S 位置持续萎缩的情况下，股价回升趋缓。量能萎缩持续时间不足一个月的时候，G 位置的顶部已经确认。结合 ROC 指标横盘提示高抛卖点，圆弧形顶部反转出现。V 图从 G 位置为最高价的圆弧底形态出现，随后股价进入 V 图转换的下跌趋势，股价暴跌到 D1 位置低点，跌幅达 45%。

总结

股价回升期间 ROC 指标与股价同步回升，指标在高位横盘，表明主力投资者已经获利等待出货。而横盘期间的缩量圆弧顶卖点，同样也是 V 图反转的高抛点位。

4.8.2 ROC 相对低位横盘提示 V 图圆弧顶

股价在局部行情走强的时候，会出现放量上涨的情况。价格飙升空间不断加大的时候，局部走强阶段很容易出现显著的调整走势。这个时候，ROC 指标跟随股价上涨回升，也在价格调整阶段出现回调形态。ROC 指标从比较高的位置回调以后，出现横盘震荡的情况。指标在相对高位横盘，恰好是股价见顶的前兆。价格波动空间收窄，股价在高价区涨跌互现的时候，便是高价区卖点。

在 ROC 指标相对高位横盘期间，股价从涨幅收窄到弱势回调，进入圆弧顶的调整区域。圆弧顶的反转期间，股价已经明显缩量调整。V 图形态的高抛卖点从圆弧顶反转形态开始。接下来，股价跌幅快速扩大。能够在 V 图转换前确认 ROC 指标的圆弧顶卖点，投资者可以规避风险。

形态特征

A. 股价飙升超过 60%：局部中短期回升期间，股价放量上涨期间涨幅可达 60% 以上。限于放量时间较短，当放量过程结束，量能显著低于 100 日等量线的时候，高位卖点在缩量期间形成。

B. ROC 在相对高位横盘：ROC 指标在股价上涨期间同步回升，在股价从高位回调的时候，ROC 显著回落后，该指标在相对高位横盘，表明股价上涨幅度减弱，高价区的价格进入顶部区域。

C. 缩量 V 图圆弧顶出现：只有成交量维持在 100 日等量线上方，股价才能单边回升。量能低于等量线以后，弱势状态下，ROC 在股价调整期间横盘，提示圆弧顶的V图反转形态开始出现，高价卖点会形成。

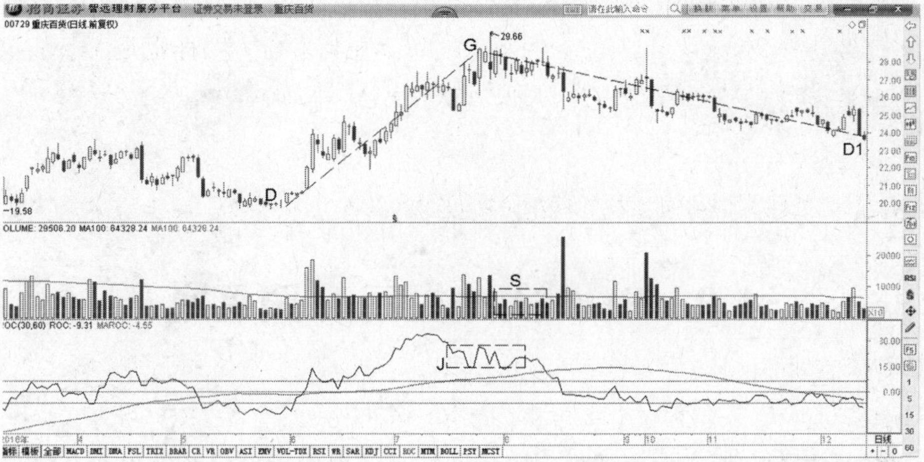

图4-16 重庆百货日K线

操作要领

1. 从股价飙升超过60%来看：如图4-16所示，股价从D位置进入中期回升状态，局部行情走强阶段股价放量上涨超过60%。限于放量时间较短，S位置的量能显著低于100日等量线的时候，高位卖点在G位置的顶部以后出现。

2. 从ROC在相对高位横盘来看：ROC指标在股价上涨期间同步回升，而J位置则是ROC高位回调后的横盘震荡区域。在ROC横盘的时候，股价由弱势见顶到加速回落，股价在指标震荡期间走低。

3. 从缩量V图圆弧顶出现来看：量能在S位置显著低于100日等量线，推动股价进入加速回落状态。ROC指标的横盘震荡直观地体现了价格走弱，V图圆弧底形态从最高位G开始。股价加速下跌的时候，卖点已经被确认。V图反转后股价下跌到D1位置的24元附近，跌幅为15%。

总结

股价进入中短期行情的回升阶段，价格在ROC指标横盘期间走弱。这个时候，投资者可以关注量能萎缩的节奏和ROC指标见顶的过程。确认圆弧顶反转以后，在价格高位 V 图转换期间采取减仓策略，能够应对股价下跌走势。

4.9 ROC 尖底提示 V 图见底

ROC 指标在形态上表现为尖底反转特征，提示股价已经进入回升趋势。价格跌幅扩大以后，交易机会出现在指标反转确认的时候。回落趋势中，ROC 指标的尖底形态出现在低位，是与股价反转同步完成的形态。股价从低价区反转期间，价格涨幅虽然不大，但是 ROC 指标表现的尖底形态可以被提前识别。这种 ROC 指标尖底反转出现后的买点形态中，交易机会出现在这个时候。

4.9.1 低位 ROC 尖底提示 V 图见底

低价区股价已经处于超跌状态，股价在下跌趋势中扩大跌幅以后，随着 ROC 指标在低价区企稳，并且出现了尖底反转形态，股价的触底反弹买点形成。在量能萎缩的情况下，低价区股价下跌趋缓甚至出现反弹指数，ROC 指标最能够在形态上表现为回升。指标从低价区回升，出现了尖底反转形态，这是股价企稳的信号。ROC 指标的尖底提示股价在低价区触底。

在低价区，股价触底的过程是与量能萎缩和 ROC 指标尖底反转同步出现的。确认量能显著缩量，ROC 指标尖底反转刚刚开始的时候，V 图形态的反转走势出现。在这个时候买入股票，可以获得 V 图反转带来的收益。

形态特征

A. 股价显著下跌 30%：股价进入下跌趋势，成交量显著萎缩期间，价格跌幅在 30% 以上。缩量状态下股价跌幅扩大，典型的交易机会出现在低价区的超跌位置。

B. ROC 在 0 轴线下方出现尖底：随着股价跌幅扩大，ROC 指标在低价区出现尖底形态，提示股价出现反弹信号。指标率先从低价区走强的时候，正是交易机会首次出现的时刻。

C. V 图反转价格加速回升：成交量已经显著萎缩，股价在缩量阶段出现 ROC 底部，并且开始加速回升。ROC 尖底提示 V 图形态的底部买点出现。采取建仓交易策略的时候，投资者可以扩大收益空间。

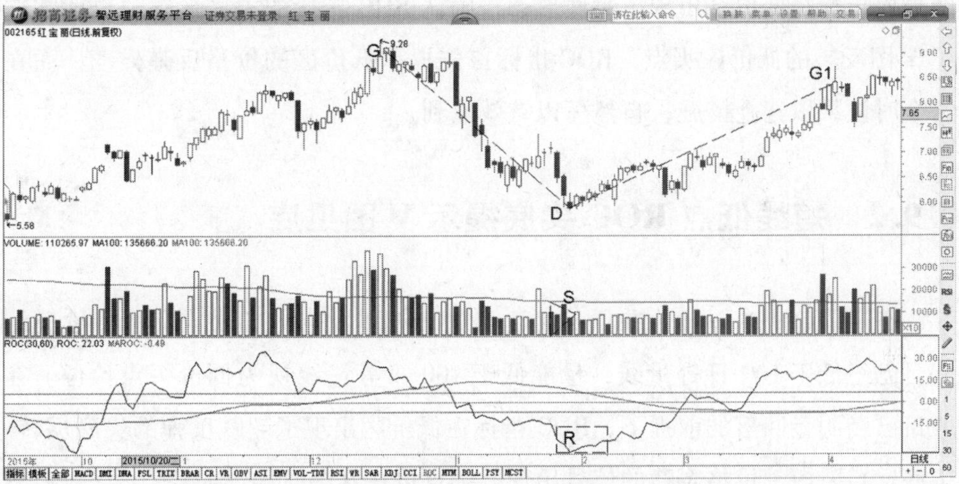

图 4－17　红宝丽日 K 线

操作要领

1. 从股价显著下跌 30% 来看：如图 4－17 所示，股价在 G 位置见顶以后，价格快速杀跌 30% 以上，最终达到 D 位置的低价区。成交量在 S 位置维持缩量状态，缩量情况下该股更容易出现超跌的底部。

2. 从 ROC 在 0 轴线下方出现尖底来看：当 ROC 指标在 0 轴线下方出现

尖底反转以后，图中 R 位置的尖底形态是有效反弹信号。ROC 指标首次出现尖底反转，可见股价在 D 位置的反弹表现是有效的买点，价格上涨可以在 ROC 尖底反转后延续。

3. 从 V 图反转价格加速回升来看：在 V 图反转阶段，股价在 ROC 指标推动下从 D 位置走强。随着涨幅扩大，股价 2 个月内涨幅达 G1 位置高位，飙升达 40%。可见，在 ROC 指标尖底形态完成以后，股价 V 图回升趋势正在加速进行。

总结

股价进入中短期下跌趋势的低价区以后，ROC 指标的单边回落趋势更加明显。指标在低价区出现了尖底形态，确认 ROC 指标的尖底形态，也就掌握了 V 图反转的低价区买点。ROC 指标首先提示低价区的价格反弹异动，而在这个时候采取建仓措施，自然可以有效盈利。

4.9.2 短线低点 ROC 尖底提示 V 图见底

在下跌趋势中，股价在低价区已经处于超跌状态。如果成交量持续萎缩并且已经低于 100 日等量线，量能低于 100 日等量线视为低价买点价位。在股价已经明显回落的前提下，ROC 指标在低价区出现了超跌反弹的尖底反转。尖底反转阶段，价格企稳的信号出现，买点也在这个时候形成。

在缩量状态下，低量对应的股价也处于低价区。ROC 指标进入低价区的尖底反弹状态，表明股价从低价区反弹有效，推动价格进入回升趋势。V 图反转的走势开始于 ROC 指标的尖底底部，按照低价区的 ROC 尖底形态买入股票，可以在 V 图反转期间获得收益。

形态特征

A. 股价从暴跌中企稳：进入下跌趋势以后，股价暴跌接近 100%。股价从加速暴跌到下跌趋缓，低价区的企稳信号出现，提示低价区的买点形成。

B. 量能首次低于 100 日等量线：股价在放量状态下跌期间，量能持续萎缩会出现低于 100 日等量线的情况。量能首次低于 100 日等量线，提示下跌期间缩量结束，股价接近触底。

C. ROC 尖底反转出现：ROC 指标在 0 轴线下方出现尖底形态，提示股价在超跌期间出现反弹信号。ROC 尖底同时也是股价底部形态，是 V 图反转的买点信号。

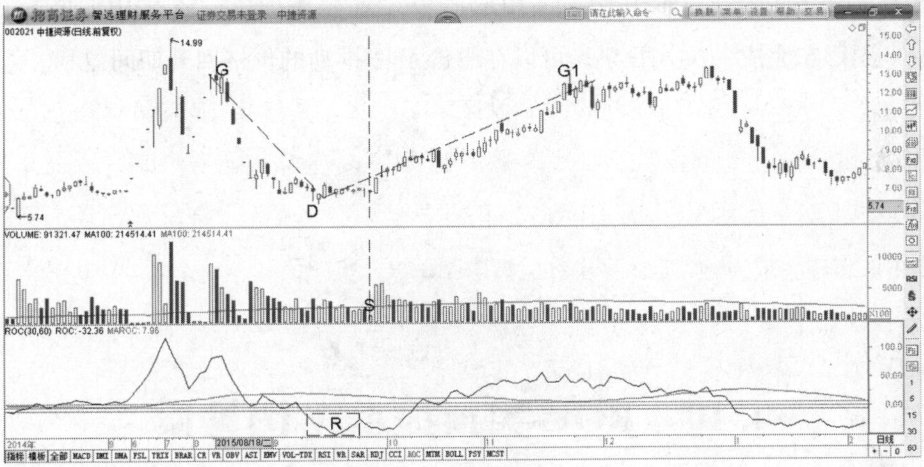

图 4－18　中捷资源日 K 线

操作要领

1. 从股价从暴跌中企稳来看：如图 4－18 所示，股价从 G 位置开始下跌，股价暴跌接近 100%，达到低价区的 D 位置。股价从加速暴跌到下跌趋缓，其间出现 5 个跌停板，而低价区股价波动空间明显减小，低价区该股已经出现企稳迹象。

2. 从量能首次低于 100 日等量线来看：股价从 G 位置开始放量下跌，量能持续萎缩并且出现低于 100 日等量线的情况，S 位置的量能明显在 100 日等量线附近，这是该股缩量低价的特征表现。

3. 从 ROC 尖底反转出现来看：ROC 指标在 R 位置低于 0 轴线，并且在低位出现尖底反转形态。可见，ROC 指标的尖底确认了该股的低价底部。ROC 指标从尖底形态开始企稳以后，股价 V 图反转从 D 位置开始。从 D 位置到 G1 位置，股价涨幅达 90%。可见 V 图反转期间股价强势，值得投资者关注。

总结

在低价区开始的 V 图反转走势中，股价 V 图与 ROC 指标尖底出现的位置相似。股价 V 图相对难识别，而 ROC 指标尖底容易确认。随着 ROC 指标尖底 V 图形态完成，买入股票，可以在股价 V 图推动的价格回升期间盈利。

4.10 ROC 尖顶提示 V 图见顶

ROC 指标在形态上表现为尖顶反转特征，提示股价已经进入回落趋势。价格涨幅扩大以后，交易机会出现在指标反转确认的时候。回升趋势中，ROC 指标的尖顶形态出现在高位，是与股价反转同步完成的形态。股价在高价区反转期间，价格跌幅虽然不大，但是 ROC 指标表现的尖顶形态可以被提前识别。这种 ROC 指标尖顶反转出现后的卖点形态中，交易机会很快会出现。

4.10.1 高位 ROC 尖顶提示 V 图见顶

高价区股价已经处于超涨状态，股价在回升趋势中扩大涨幅以后，随着

ROC 指标在高价区见顶，并且出现了尖顶反转形态，股价的高价卖点形成。在量能萎缩并且低于 100 日等量线的时候，高价区股价下跌以后会很难出现有效回升，ROC 指标最能够在形态上表现为回落。ROC 指标的尖顶提示股价在高价区见顶。

在高价区，股价见顶的过程是与量能萎缩和 ROC 指标尖顶反转同步出现的。确认量能显著缩量，ROC 指标尖顶反转刚刚开始的时候，V 图形态的反转走势出现。在这个时候卖出股票，可以将 V 图反转带来的损失降到最低。

形态特征

A. 量能萎缩到 100 日等量线下方：成交量在股价回升期间萎缩，在价格涨幅扩大以后，量能已经低于 100 日等量线。这个时候，是价格高位卖点出现的信号。

B. ROC 尖顶反转：在股价即将见顶的时候，ROC 指标提前出现背离信号，并且以尖顶反转的形式进入下跌趋势，提示股价顶部信号。

C. V 图卖点出现：成交量萎缩是股价见顶的特征，ROC 尖顶反转，提示价格正在加速回落。相应的，V 图反转的卖点在 ROC 尖顶反转期间形成。

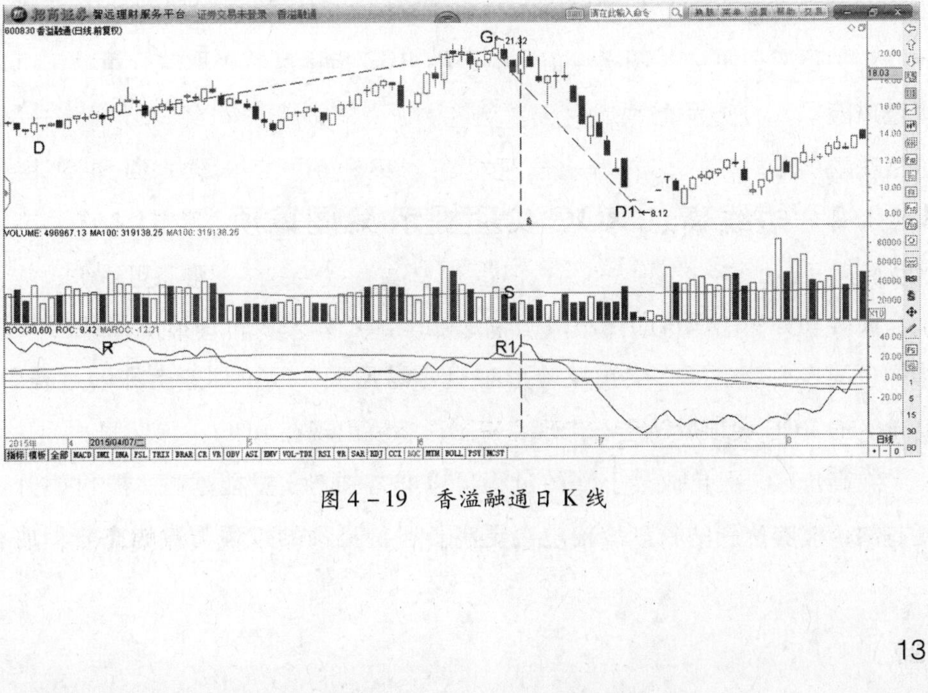

图 4－19　香溢融通日 K 线

操作要领

1. 从量能萎缩到 100 日等量线下方来看：如图 4－19 所示，股价从 D 位置回升以后，成交量在股价回升期间的 S 位置萎缩。S 位置量能已经低于 100 日等量线，并且从 S 位置开始，成交量不曾达到等量线上方。这是缩量状态下股价顶部信号，预示着卖点将要出现。

2. 从 ROC 尖顶反转来看：当股价进入顶部区域以后，ROC 指标提前出现背离信号。指标在 R1 的数值显著低于 R，并且在 R1 位置以尖顶反转的形式进入下跌趋势，提示股价顶部信号。

3. 从 V 图卖点出现来看：在成交量萎缩的前提下，ROC 指标先背离，后尖顶反转，提示价格正在加速见顶。相应的，V 图反转的卖点在 ROC 尖顶反转期间形成，V 图卖点在 G 位置的价格高位确认以后，后面没有明显高于 G 位置的价格出现。可见，投资者能够以 ROC 尖顶反转确认 V 图反转，可以显著减少下跌趋势中遭受的损失。

总结

股价进入回升趋势以后，价格涨幅会超过投资者预期。而股价涨幅越高，指标与股价高位背离形态越是显著。如果按照高抛策略卖掉股票，ROC 指标的高位尖顶形态便是 V 图卖点信号。跟随 ROC 指标反转采取减仓策略，可以规避风险。

4.10.2 短线高点 ROC 尖顶提示 V 图见顶

回升趋势中，股价会在价格高位加速上涨。如果股价加速上涨期间 ROC 指标也同步上攻，那么尖顶反转形态更容易形成。股价加速上涨的过程中，高价区的 ROC 尖顶反转形态出现，V 图形态就出现在 ROC 尖顶期间。

在高价区，股价放量上涨的过程可以非常强势，量能越高，股价飙升速度越快，能够达到的收盘价格也会更高。股价见顶的过程与量能充分释放有关，是在量能充分放大以后开始萎缩出现尖顶。而 ROC 指标尖顶反转就在股价收盘达新高期间同步出现的。确认量能释放后的 ROC 指标尖顶反转非常重要，使得投资者能够在 V 图形态出现的过程中把握高价区卖点。

价格飙升后的短线高位，股价充分释放了上涨潜力。主力投资者快速拉升股价上涨，V 图的出现速度与 ROC 顶部反转同步。在高效的拉升股价期间，股价的高位反转速度很快。确保在 V 图反转的过程中及时出货，投资者将能够规避风险。

形态特征

A. 量能加速放大：量能加速放大期间，成交量很容易就达到超高位置。天量形式成交量推动股价涨停，超高天量的量能不断出现。

B. 股价涨停飙升：量能释放到天量状态，股价涨停以后继续回升。高价区天量状态的顶部出现，量能和价格同步达到高位。

C. ROC 尖顶提示 V 图反转：股价飙升速度很快，量价同步达到高位以后，高价区的 ROC 指标尖顶反转出现，提示股价 V 图反转出现。V 图反转会推动价格快速回落，跌幅扩大。

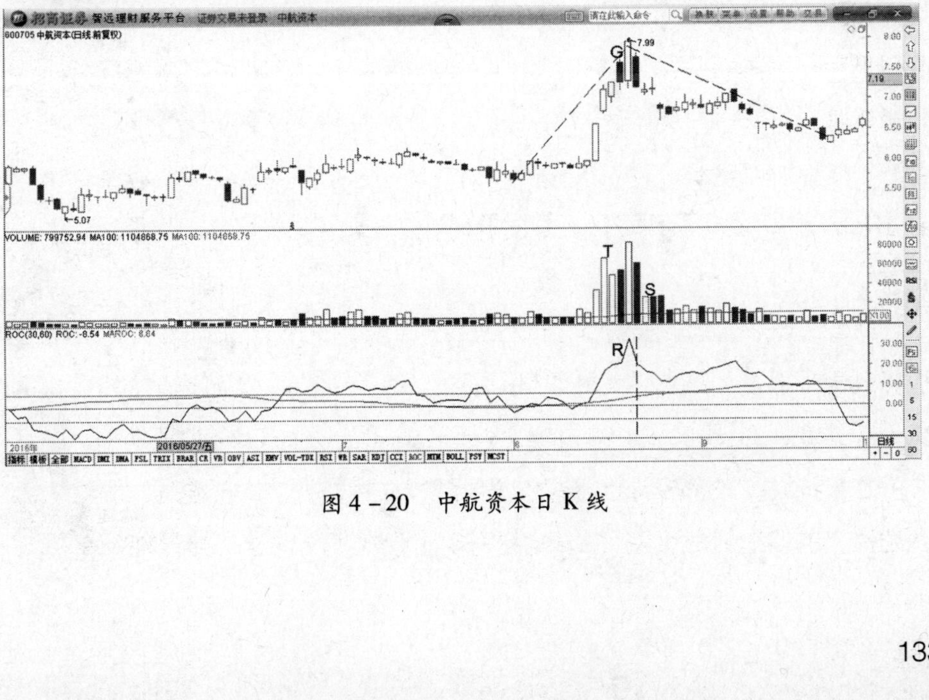

图 4－20 中航资本日 K 线

操作要领

1. 从量能加速放大来看：如图 4 - 20 所示，量能持续加速放大的时候，图中 T 位置的天量量能出现。T 位置的量能持续达到超高位置，股价在 G 位置的价格高位天量涨停。可见，集中放量期间该股表现非常抢眼。

2. 从股价涨停飙升来看：量能加速回升期间，成交量不仅达到天量，而且不断出现新的天量量能。随后，股价在 G 位置的价格高位状态收盘。

3. 从 ROC 尖顶提示 V 图反转来看：该股飙升速度非常快，量价同步达到高位以后，高价区的 ROC 指标尖顶反转出现在 R 位置，提示股价 V 图反转出现。V 图反转会推动价格快速回落，跌幅扩大。而 S 位置的量能萎缩速度很快，也提示 V 图反转期间，价格快速进入缩量下跌节奏。

总结

股价进入加速回升趋势阶段，价格涨幅会超过投资者预期。同时，股价见顶速度也会让多数投资者吃惊。天量顶部出现以后，股价涨幅越高，ROC 提示的尖顶反转速度越快。价格下跌的过程中，回落趋势中 V 图推动的价格下跌趋势加速下挫。V 图卖点成为投资者的典型卖点。

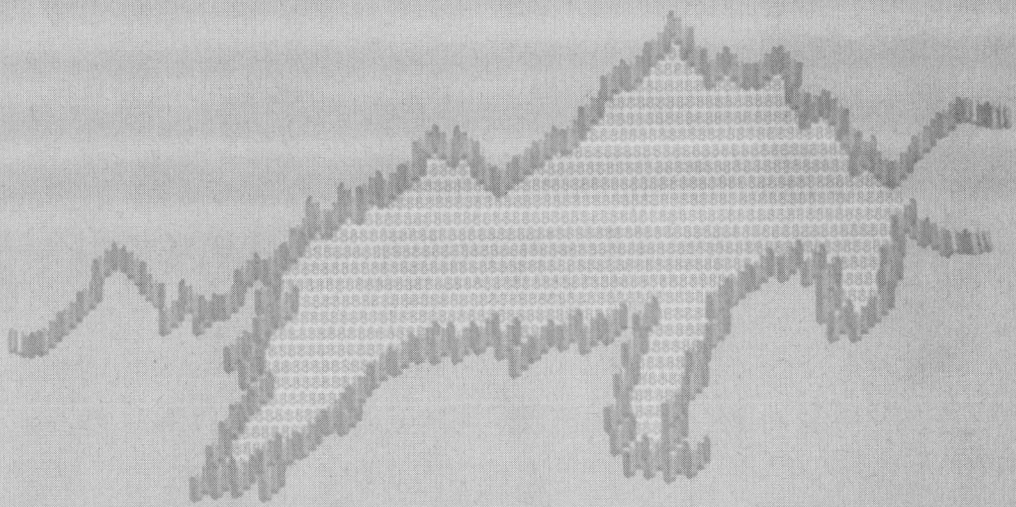

/ 第5章 /

V图出现与3次买卖点

V图形态是股价直接进入单边趋势后出现的形态，结合收盘价格来看，V图形态的反转的形态特征将体现得淋漓尽致。进行中的V图反转的价格单边趋势中，典型的交易机会可以出现多次。首次确认V图形态的时候，交易机会是能够确认的最佳买卖点。V图转换的过程中，单边趋势中股价突破阻力位运行，反弹和突破都是买卖机会。

本章按照V图形态的确认、反转和突破，确认股价V图形成以后的买卖机会，帮助投资者掌握不同阶段的交易时机，以便获得最佳的投资效果。

5.1　V 图形态确认和规模扩张

V 图形态出现期间，可以有非常典型的量价特征和技术指标表现。按照特定的价格反转形态确认 V 图形态，就可以发现 V 图形态和单边价格趋势。V 图形态的确认是在量价转换期间出现的，量能放大和萎缩转换，价格就会出现趋势逆转。V 图转换阶段股价单边运行趋势扩大，V 图规模扩大的同时，交易价格范围不断扩大，而盈亏变化也会加速。

5.1.1　典型 V 图形态确认

股价涨跌运行期间，价格上涨由放量开始，股价下跌由量能萎缩开始。随着量能在放大和萎缩之间变化，股价涨跌互现。V 图形态在股价涨跌转换期间出现。V 图形态的出现为投资者提供了单边交易信号，是价格趋势出现前不错的买卖价位。

如果按照 V 图出现的信号采取买卖策略，当然能够在价格趋势出现前获得交易机会。不过，考虑到 V 图形态的规模可大可小，小规模的 V 图转换中，单边趋势出现股价波动空间较小。小规模的 V 图可以组成大规模的 V 图反转形态，从交易空间来讲，投资者也能够获取更好的交易效果。

形态特征

A. 低开阳线确认V图：低开阳线出现在股价下跌期间，K线形态表现为低开后收盘上涨，有效确认了低价区的支撑，提示进入回升趋势的股价V图形态出现。

B. 量能放大提示反转：成交量放大期间，股价已经在短线低位获得支撑，并且开始放量上涨。量能放大股价上涨，这种放量回升的态势可以持续下来。

C. MACD指标涨跌突变：在MACD指标的DIF线金叉出现期间，提示指标走强，V图买点出现。类似的，DIF线死叉出现期间，表明指标将要走低，V图反转的高抛卖点形成。

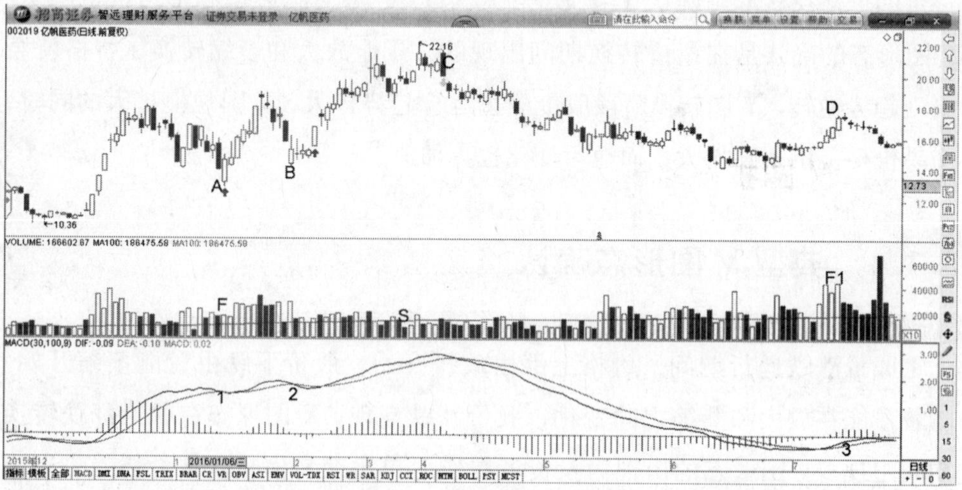

图5-1 亿帆医药日K线

操作要领

1. 从低开阳线确认V图来看：如图5-1所示，图中A和B位置的低开阳线出现低价区，是股价下跌期间的低价买点。同时，低开阳线也是V图形态出现的信号。在低开阳线出现后买入股票，可以在价格上涨的时候盈利。

2. 从量能放大提示反转来看：成交量在F位置开始放大，股价从A点开始加速反弹。V 图反转期间的交易机会出现在 F 位置放量以后。量能萎缩期间与放量相反，图中 S 位置的量能低于 100 日等线后，股价确认下跌 V 图的卖点机会。

3. 从 MACD 指标涨跌突变来看：图中 1 和 2 位置的 MACD 指标的 DIF 线金叉出现期间，提示指标走强，V 图买点出现在 1 和 2 位置对应的 A 和 B 位置。类似的，DIF 线死叉出现期间，表明指标将要走低，V 图反转的高抛卖点形成。3 位置的 DIF 反弹遇阻 0 轴线，提示 F1 位置充分放量后，V 图推动的下跌趋势从 D 位置开始。

总结

阴线和阳线都可以推动股价进入 V 图反转，而量价变化和指标运行也是推动 V 图反转的因素。不同情况的 V 图形态中，交易机会都不容忽视。

5.1.2　V 图扩张和趋势延续

最典型的 V 图形态出现在单边趋势以后，特别是股价累计波动空间加大的时候，买卖机会都是不容忽视的。在行情转换的过程中，交易机会在典型的高价区出现。推动股价进入下跌趋势的 V 图形态里，价格高位的卖点机会是典型的。

典型的 V 图可以推动股价进入趋势的下跌当中，股价下跌期间的波动加大，双向震荡的时候，局部调整期间的短期 V 图形态也会出现。短期 V 图形态不能与典型的 V 图形态规模相比较，短期 V 图形态是规模相对小的形态，它为投资者提供的是很短暂的交易机会。

作为 V 图行情中的交易者，投资者关注 V 图推动的大规模交易时机，同时也需要关注短暂的买卖点。短期的价格波动中，价格涨跌明显对投资者的交易空间影响有限。不过对于获取更多的小空间的盈利，短期 V 图形态是不能忽视的。价格在多重不同方向的 V 图推动下扩大下跌空间，这期间的买卖点就在行情转换的过程中出现。

形态特征

A. 背离提示V图卖点：在MACD指标与股价高位背离期间，股价高位的抛售机会出现。背离提示的卖点信号同时也是V图出现的信号。高价区V图成为推动价格下跌的形态，为图中高抛规避风险提供了交易机会。

B. 缩量期间双向V图出现：从高价区V图转换开始，价格高位的抛售机会出现。缩量状态下指标走弱，股价下跌期间双向震荡，不改变价格下跌趋势。

C. V图推动股价跌幅扩大：高价区V图推动股价进入单边回落趋势，股价震荡的期间，收盘价达到新低价位。从高价区V图开始，股价进入下跌趋势，跌幅扩大趋势不会停止。

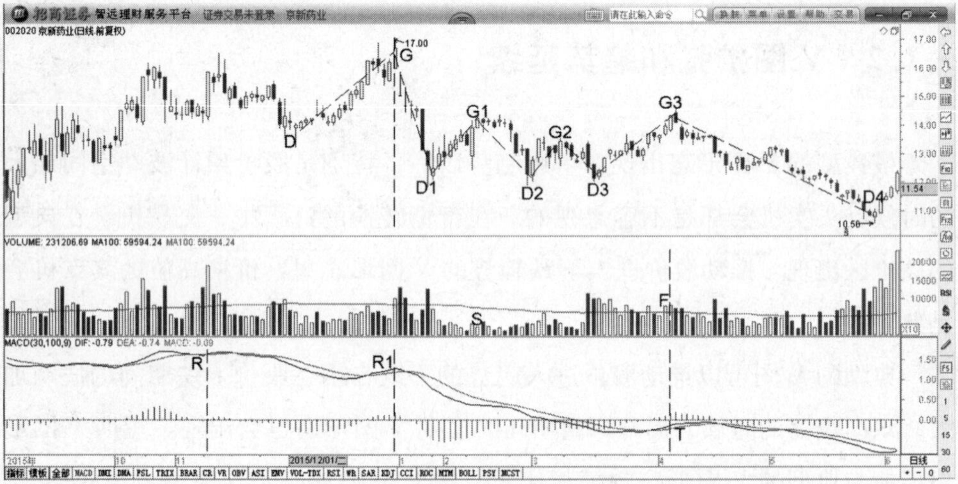

图5-2 京新药业日K线

操作要领

1. 从背离提示V图卖点来看：如图5-2所示，MACD指标与股价在R1位置高位背离期间，指标从R回调到R1，而股价却达到G位置的新高收盘价位。从G位置开始，V图推动的下跌趋势出现，股价进入下跌趋势，跌幅很快扩大到D1位置低点。G位置到D1位置，跌幅为25%。

2. 从缩量期间双向V图出现来看：从高价区G位置开始，V图转换推动的下跌趋势已经形成。成交量萎缩的时候，量能在S位置显著低于100日等量线，而股价在这期间出现了V图G-D1-G1、D1-G1-D2、G1-D2-G2、G2-D3-G3。4个V图转换期间，该股还是在G3位置见顶，并且延续了起始于G位置的回落趋势。

3. 从V图推动股价跌幅扩大来看：F位置的量能放大已经是下跌趋势中的最高量能，同时MACD指标的DIF线最高触及T位置的0轴线压力位，也是股价短线见顶的信号。V图推动的下跌趋势从高价区G开始，下跌走势延续到G3位置的高价区，非常典型的卖点就出现在G3位置。推动股价下跌的V图从G位置开始，股价下跌幅度加大，直到D4位置，V图形态出现了6次。主要的V图形态从G位置开始，股价下跌到D4位置，V图形态规模增加，跌幅扩大到35%。

总结

V图反转形态出现以后，V图反转后的下跌趋势可以在股价震荡期间延续。双向震荡的价格运行特征并不会影响股价下跌趋势。V图形态的持续规模可以不断扩展。下跌趋势中，不同阶段的短期V图转换形态构成了V图反转后总体下跌趋势的一部分。

5.2 首次 V 图卖点解析

在 V 图形态出现的时候，总会存在一些非常典型的量价特征。根据不同的量价表现，投资者能够在股价出现顶部反转信号的时候确认 V 图中的卖点。首次确认 V 图顶部的时候，高抛的交易机会出现。按照指标超买的高抛卖点减少持股，可以在下跌趋势中显著减少亏损。

5.2.1 V 图反转形态确认

有效的顶部反转形态里，黑三兵形态是比较常见的一种。如果黑三兵下跌的价格走势出现在股价大幅度飙升以后，涨幅较大，而高价区的三次连续下跌阴线推动股价进入下跌趋势。缩量黑三兵形态成为推动股价反转的主要形态，量价方面的顶部特征以及指标超买，都提示反转走势形成。

真实的黑三兵形态出现在价格高位，这种形态是破坏性很强的反转走势。如果黑三兵形态改变了股价运行趋势，那么接下来股价收盘价会不断回调。没有出现明确的反弹，也是黑三兵成功改变价格回升趋势的信号。V 图反转形态起始于黑三兵，股价在黑三兵阶段已经实现突破性的跌幅。在接下来的交易日中，收盘价扩大跌幅，能够进一步验证 V 图推动的下跌趋势。

形态特征

A. 股价经历放量飙升阶段：股价经历了放量拉升阶段以后，不仅价格涨幅扩大，成交量也明显释放。高价区，盘口股价被强行拉升的走势出现，体现主力无法继续操盘的顶部信号出现。

B. RSI超买提示顶部：RSI指标达到80以上超买状态，指标在股价收盘达到新高期间滞涨，提示价格上涨到位，股价顶部卖点出现在高价区。

C. 黑三兵验证V图反转：黑三兵形态最能够体现股价的顶部特征，放量上涨结束，股价连续3个交易日下跌的时候，高价区V图反转的信号出现。

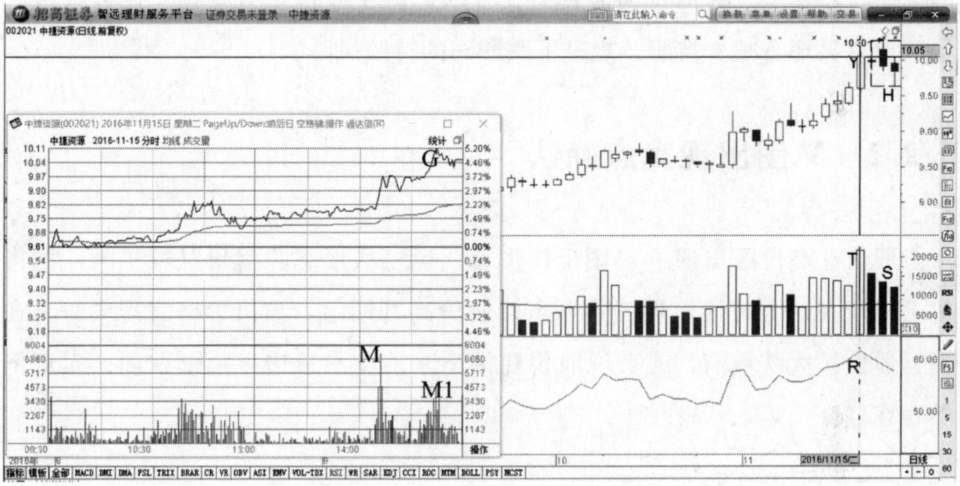

图5-3 中捷资源日K线

操作要领

1. 从股价经历放量飙升阶段来看：如图5-3所示，股价经历了放量拉升阶段以后，价格涨幅扩大到Y位置的高价区。成交量也明显释放。高价区，盘口股价在M和M1位置集中放量，股价被强行拉升到G位置的走势中，表明只能在尾盘拉升股价吸引散户追涨，这是该股的顶部信号。

2. 从RSI超买提示顶部来看：RSI指标达到R位置的80以上超买状态，指标在股价收盘达到新高期间滞涨，提示价格上涨到位，Y位置的股价顶部卖点出现在高价区。

3. 从黑三兵验证 V 图反转来看：黑三兵形态出现在 H 位置，其间，S 位置成交量连续萎缩，该形态最能够体现股价的顶部特征。放量上涨结束，股价连续 3 个交易日下跌的时候，高价区 V 图反转的信号出现。V 图下跌从黑三兵形态开始，从最高价 Y 位置的收盘价开始。

总结

黑三兵形态出现在高价区，推动股价进入下跌趋势，成为 V 图反转形态的起始点。从黑三兵后价格表现看，下跌趋势中股价扩大跌幅。投资者可以按照黑三兵形态减少持股，规避下跌期间的持股风险。

5.2.2 V 图出现卖点确认

股价在高价区出现了 V 图反转形态，黑三兵形态收盘价跌幅扩大，抛售机会出现在这个时候。黑三兵形态后股价高开回落，盘口价格表现弱势。在盘口股价扩大跌幅前，或者说股价在接下来的交易日中大幅下跌前，卖点依然存在。

形态特征

A. 黑三兵确认 V 图顶：黑三兵形态出现在高价区，确认了 V 图反转的最高价反转形态。从黑三兵形态开始，股价将扩大跌幅。

B. 盘口股价高开回落：盘口股价高开回落，股价横盘在低价区，预示着盘口缩量下跌已经不可避免。

C. RSI 指标显著回落提示卖点：RSI 指标在日 K 线图中继续表现为回调趋势，这符合指标超买下跌的运行特征，同时体现了 V 图推动的下跌趋势延续。

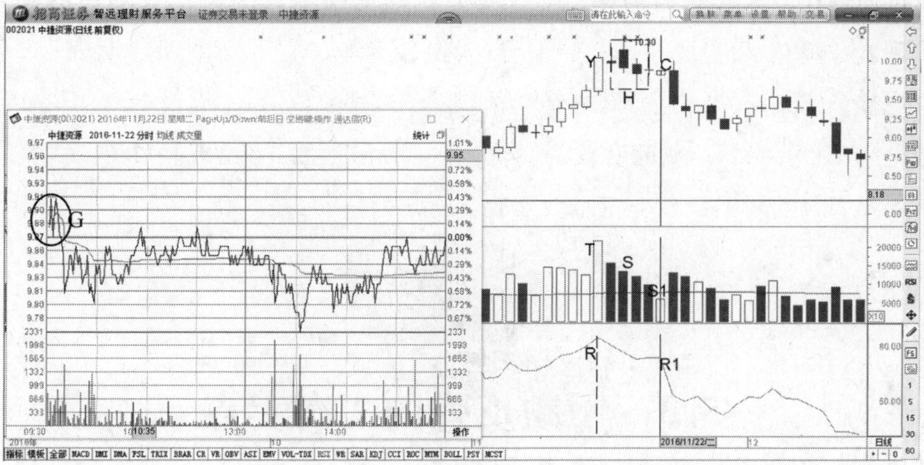

图5-4　中捷资源日K线

操作要领

1. 从黑三兵确认V图顶来看：如图5-4所示，黑三兵形态出现在高价区的H位置，确认了V图反转的最高价反转形态。从H位置黑三兵形态开始，该股已经在C位置以后扩大跌幅。

2. 从盘口股价高开回落来看：股价在盘口G位置高开回落后，股价在横盘震荡期间始终没有出现有效涨幅。这个时候，盘口股价缩量横盘，预示着高抛卖点已经出现。

3. 从RSI指标显著回落提示卖点来看：从R位置到R1位置，RSI指标在日K线图中继续表现为回调趋势，这符合指标在R位置超买后的下跌的运行特征。同时，体现了V图推动的下跌趋势延续。S1位置的量能已经低于100日等量线，显示缩量状态下，C位置的V图反转阶段卖点出现。

总结

对于黑三兵反转形态，股价在接下来的交易日中没有任何有效反弹，那么该形态的反转特征是有效的。至少在V图推动的股价加速下跌前，高抛卖点都还存在。黑三兵后的第二个交易日，缩量提示首次 V 图反转后的卖点出现。

5.3 下跌反弹的 2 次卖点

进入下跌趋势以后，黑三兵形态推动的 V 图反转延续下来。不过股价下跌期间有时一波三折，有支撑股价的价位会出现技术性反弹走势。反弹意味着高价区的卖点出现，这是投资者确认高抛交易机会的时刻。

5.3.1 支撑反弹的 2 次卖点

在股价回升期间，已经出现了调整走势的价位上，股价进入下跌趋势以后会获得支撑反弹。在支撑价位开始的反弹走势中，短线放量状态下出现的反弹中，高抛卖点就已经出现。下跌趋势中，这种反弹期间的卖点不容忽视。特别是在股价跌幅还不大的情况下，技术性反弹指数出现，这是 V 图推动的下跌趋势中的 2 次卖点。

形态特征

A. V 图推动的反转确认：V 图推动的价格下跌趋势出现以后，股价下跌期间扩大了跌幅。价格远离黑三兵形态对应的价格高位，股价会下跌到短线支撑价位。

B. 股价短线反弹：股价短线反弹以后，价格出现了短线放量上涨。价格涨幅不高，RSI 指标回升空间较小，价格上涨后短线见顶。

C. 价格在压力位遇阻：盘口股价短线成功回落，量能只在开盘一小时内放大，股价盘中走势较弱，提示股价已经在压力区遇阻。

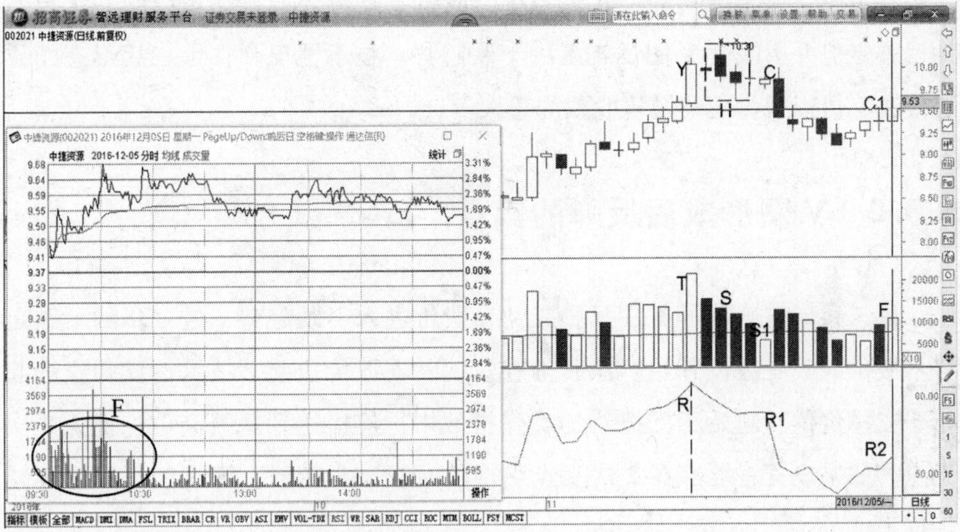

图 5－5　中捷资源日 K 线

操作要领

1. 从 V 图推动的反转确认来看：如图 5－5 所示，V 图推动的价格下跌趋势从 H 位置黑三兵形态开始，股价在 C 位置反弹有限，下跌期间扩大了跌幅。

2. 从股价短线反弹来看：股价短线反弹到 C1 位置以后，出现了 F 位置的放量状态。这个时候，价格涨幅不高，RSI 指标回升空间较小，指标仅达到 R2 位置，指标的弱势表现提示该股还没有企稳，反弹只是下跌趋势的短线表现。

3. 从价格在压力位遇阻来看：盘口股价短线成功反弹，量能只在开盘一小时内放大，F 位置的短期放大提示股价盘中走势较弱。这个时候，高抛卖点出现在 C1 位置。C1 位置是前期股价下跌大阴线的收盘价位置，阻力较强，很难被有效突破，视为 V 图推动的下跌趋势中 2 次卖点。

总结

在黑三兵形态推动的反转走势中，股价下跌趋势明确。短线的一次技术性反弹走势并不改变 V 图反转后的下跌趋势。技术性反弹在黑三兵形态的位置停止，可以视为短线抛售股票的 2 次卖点。

5.3.2　V 图形成后反弹的卖点

黑三兵形态确认了 V 图反转走势，股价进入下跌趋势，进一步的下跌走势从股价跌破支撑位开始。在股价有效跌破支撑价位前，技术性反弹走势起始于支撑价位。起始于支撑位的反弹指数中，价格达到短线高位，视为 2 次卖点。如果投资者能够在 2 次卖点出现的时候减少持股，那么就可以继续减少损失。

随着成交量的持续萎缩，收盘价还会不断达到新的低价位。如果投资者在股价短线放量反弹的时候卖掉股票，就可以有效规避下跌风险。

形态特征

A. 股价回落到支撑位：当股价跌破了支撑位以后，下跌趋势中，低价区的反弹走势出现。跌破支撑位的反弹是超跌反弹，涨幅将不超过压力区。

B. 量能短线放大：量能短线继续萎缩的时候，成交量已经低于 100 日等量线，这是股价继续回落的信号。不过随后会出现短暂的放量反弹走势，只是股价上涨空间有限。

C. 阳线反弹提供 2 次卖点：阳线反弹走势开始于支撑价位，收盘在压力价位附近，却不会突破压力区，反弹提供了 2 次卖点。

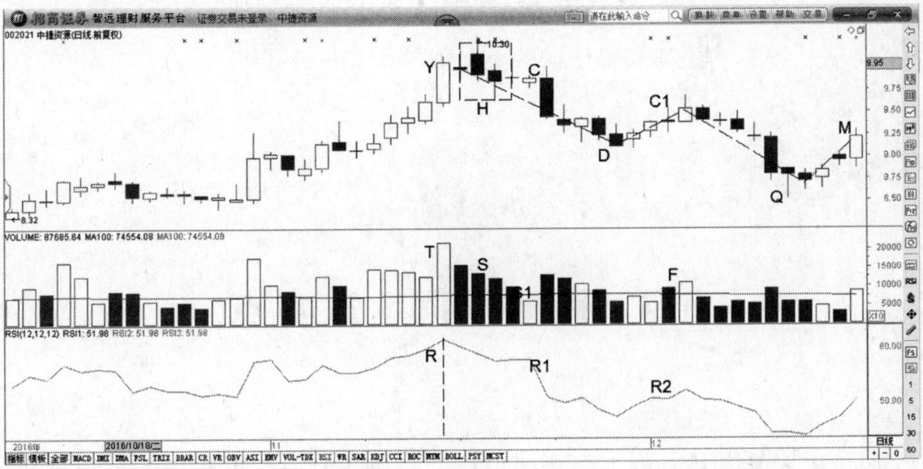

图5-6　中捷资源日K线

操作要领

1. 从股价回落到支撑位来看：如图5-6所示，股价从C1位置开始继续回落，价格下跌到与前期低点相似的Q位置的支持价位后，反弹走势出现。

2. 从量能短线放大来看：量能在放大至100日等量线上方期间，推动股价涨幅达M位置。这是一次非常短暂的放量反弹走势，股价上涨空间较小，并不会对缩量下跌趋势造成实质性影响。

3. 从阳线反弹提供2次卖点来看：M位置反弹阳线收盘在D位置对应的压力价附近，成为下跌期间的反弹卖点。M位置的卖点为2次卖点，是股价进入V图推动的下跌趋势以后第2次典型的抛售机会。

总结

股价下跌期间的反弹卖点总是出现在短线高位，随着股价跌幅扩大，支撑位提供的反弹机会出现以后，很多还未卖掉股票的投资者可以据此减少持股数量，以便在下跌趋势中减少亏损。

5.4 跌破期间 3 次卖点

股价进入 V 图推动的下跌趋势以后，股价有时会在下跌期间出现反弹走势。但是若反弹持续时间很短，股价进一步回落，并且是在跌破支撑价位以后出现的反弹走势，那起始于超跌位置的反弹中，高抛的卖点是最后一次有效减仓的交易机会。错过卖点，那么股价将出现加速杀跌的走势。

5.4.1 跌破支撑的反弹 3 次卖点

股价从高位跳空下跌以后，确认了 V 图反转后的回落趋势。股价在下跌趋势扩大了跌幅，价格进一步回落并且跌破了短线支撑价位。在价格跌破支撑价位前，反弹期间会出现 2 次卖点。而当股价进一步跌破支撑价位以后，下跌趋势中的 3 次高抛卖点就会形成。实战当中，3 次卖点的交易机会不容错失。

随着成交量持续萎缩，收盘价还会不断达到新的低价位。股价跌破了短线支撑位以后出现的反弹卖点，高抛的点位出现。但是受限于量能并未有效放大，短线反弹的过程中，抛售价位并不会很高。即便如此，错失交易机会的投资者会遭遇更大亏损。

形态特征

A. 股价进入 V 图反转状态：当股价进入 V 图推动的下跌趋势以后，V 图反转走势就已经出现。这个时候，3 次卖点会在股价跌破支撑位以后形成。

B. 价格从支撑线下方反弹：价格从支持线下方反弹的时候，技术性反弹的高价区出现了减仓交易机会。股价涨幅达支持线附近，量能放大空间有限，限制了价格涨幅。

C. 背离卖点出现：背离提示股价反弹期间卖点出现，考虑到价格反弹起始于支撑线下方，卖点成为 V 图反转后的 3 次卖点。

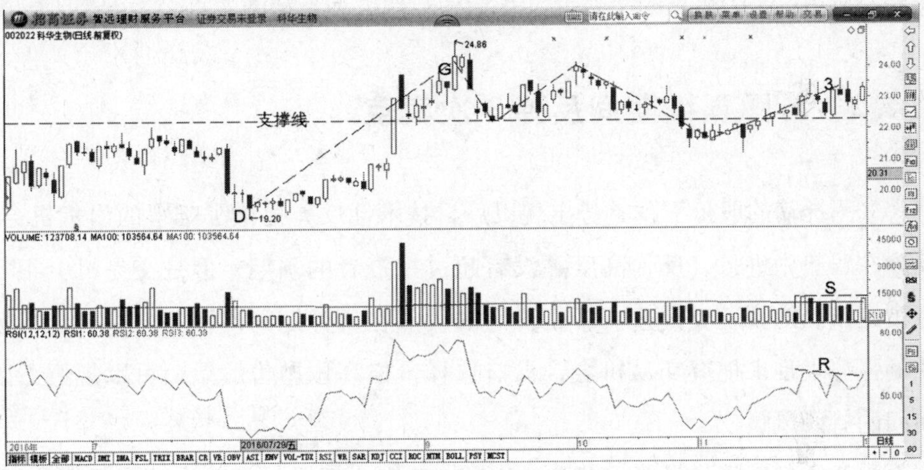

图 5－7　科华生物日 K 线

操作要领

1. 从股价进入 V 图反转状态来看：如图 5－7 所示，股价从 G 位置开始下跌，进入 V 图推动的下跌趋势以后，D 到 G 位置的回升趋势结束。V 图反转推动股价下跌，价格很快跌破了支撑线，扩大了下跌幅度。

2. 从价格从支撑线下方反弹来看：股价从支持线下方反弹的时候，技术性反弹的高价区 3 位置出现了减仓机会。股价涨幅达支持线上方，却没有继续回升的走势出现。考虑到 S 位置的量能仅仅触及 100 日等量线，该股的卖点显然已经形成。

3. 从背离卖点出现来看：股价反弹至3位置的时候，RSI指标在R位置背离回落，提示股价反弹期间卖点出现。3位置的价格高位是量能无法放大的短线高位，背离提示投资者在3位置卖掉股票，可以在下跌趋势中减少亏损。

总结

在股价加速下跌的时候，反弹高度同样能够达到压力线附近。但是鉴于量能无法持续放大，而指标背离形态也在这个时候出现，V图推动的股价下跌趋势延续。3次卖点的交易价位并不高，却也是不错的卖点。

5.4.2 V图延续期间反弹3次卖点

V图推动的股价下跌趋势出现以后，技术性反弹提供了难得的出货机会。反弹在弱势中进行，反弹高度并没有超过投资者的预期，但是交易机会很容易被确认。随着调整的进行，高价区的卖点在反弹期间确认。如果从盘口股价的强势表现来把握交易机会，盘口选择价格高位抛售股票，可以规避下跌期间的持股风险。

弱势反弹期间，量能萎缩和RSI指标背离，都提示了股价短线顶部信号。如果按照这些交易信号采取行动，股价在盘口出现了一些放量回升的价格表现，可以被认为是高抛交易机会。

形态特征

A. 股价由支撑位下方反弹：股价进入V图推动的下跌趋势，价格从支撑位下方反弹，是技术性反弹，并且反弹空间受限。

B. 量能和指标提示高抛：量能短线出现放大，放大时间非常短，并且是不连续的放量。RSI指标短线背离回落，提示技术性反弹的卖点形成。

C. 盘口走强可以减仓：盘口股价开盘后放量走强，量能在开盘后1小时内放大，股价高抛卖点形成。

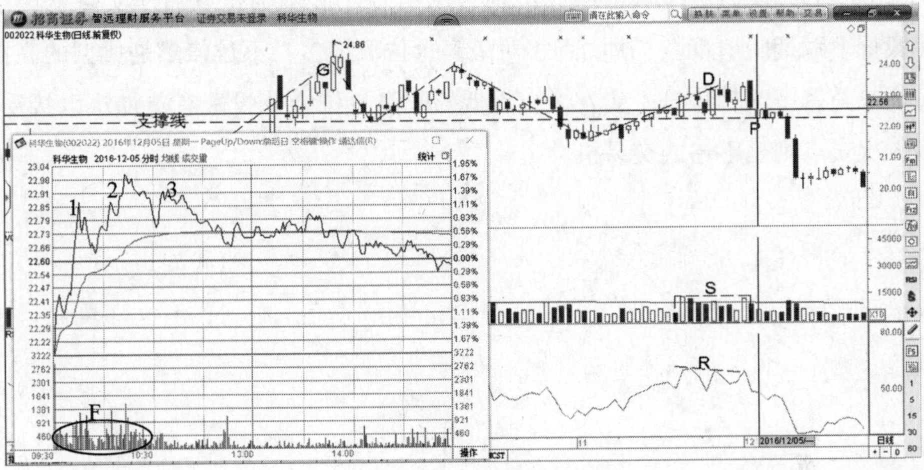

图 5-8　科华生物日 K 线

操作要领

1. 从股价由支撑位下方反弹来看：如图 5-8 所示，从高价 G 位置开始，股价就已经进入 V 图推动的下跌趋势。价格持续回落并且跌破了支撑线，支撑价位下方持续反弹，这种技术性反弹延续到 D 位置。既然是技术性反弹，再次回到支撑线上方，已经达到反弹目标，高抛卖点出现。

2. 从量能和指标提示高抛来看：成交量在 S 位置出现放大，放大时间非常短，并且是不连续的放量，限制了股价反弹高度。RSI 指标 R 位置背离回落，提示技术性反弹的卖点形成，高抛交易机会出现在 D 位置。

3. 从盘口走强可以减仓来看：股价在回调期间达到 P 位置对应的支撑线。观察盘口股价表现，可以看到该股显著低开后放量走强，量能在 F 位置放大。不过 F 位置量能并未持续回升，而是维持在较小的空间内，使得开盘 1 小时内的高抛卖点出现。图中 1、2、3 位置提示的顶部区域就是很好的减仓价位。

总结

V图形态成为牛市行情中股价逆转的信号，形态确认以后，卖点就已经在股价下跌期间出现。3次卖点相对最高价位低很多，不过依然是典型的高抛机会。随着下跌趋势进一步发展，更低的收盘价位会让投资者更加难以接受，而3次卖点则是不错的交易机会。

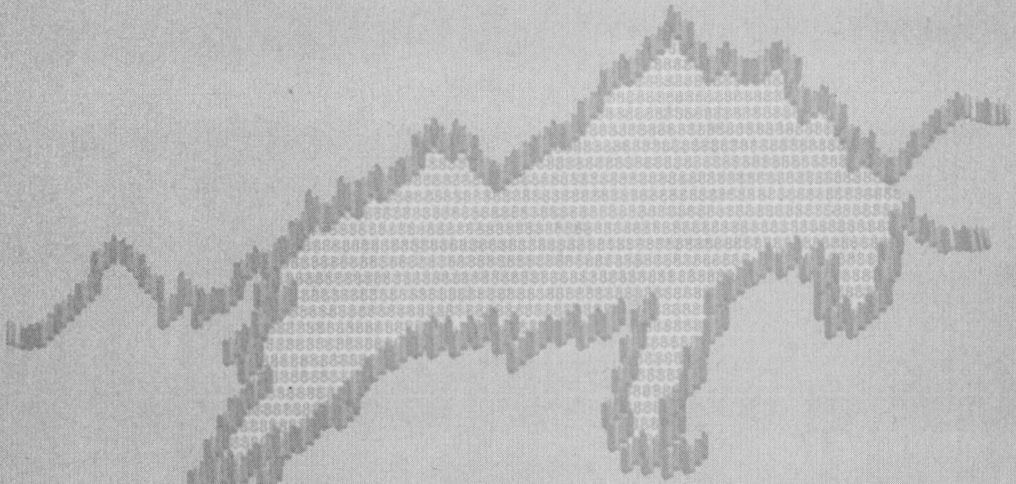

/ 第 6 章 /

结构调整与 V 图趋势延续

V 图转换完成以后，单边运行的价格趋势出现，股价按照新的趋势运行，即便出现调整形态，这种单边趋势也不会短期结束。从交易机会来看，单边趋势向纵深发展的过程中，调整形态只是在中短期里影响价格走向。调整阶段出现的价格双向震荡中，较好的买卖时机也会出现在这里。

本章会介绍常见的三角形调整、矩形调整和旗形调整形态，以及高浮筹状态下的价格突破交易策略和 V 图趋势延续的顺势交易策略。根据不同的形态特征，投资者可以灵活把握 V 图转换期间的交易策略。

6.1　V 图确认后调整形态

在股价见顶期间，V 图形态出现，股价按照 V 图确认的下跌趋势运行。价格在下跌趋势中扩大了跌幅，但是下跌趋势中的调整形态减缓了股价下跌的节奏。调整形态可以是波动空间不断扩大的 K 线形态，也可以是波动空间不断收窄的 K 线形态。两种不同的形态里，都是影响价格单边回落趋势的形态。

6.1.1　波动加剧的 V 图调整形态

股价进入下跌趋势以后，由于多空之间的争夺非常激烈，相对剧烈的价格震荡持续。股价震荡空间不断扩大，而量能放大是推动价格强势运行的主要因素。在股价进入调整阶段以后，成交量维持在放大状态，量能达到 100 日等量线上方，那么股价出现大阳线形态，这也是常见的价格表现。

在股价波动加剧的时候，成交量放大无疑是不可避免的。局部调整阶段的放量持续时间有限，同时也限制了股价涨幅。不过，作为股价下跌期间的抛售机会，股价在短期波动空间加大，高抛的价格更值得关注。

形态特征

A. 股价出现放量顶部：股价在回升期间出现放量顶部形态，量能充分释放并且达到天量状态，股价天量见顶提示价格将要反转。

B. MACD 指标背离提示 V 图顶：MACD 指标的柱线首先背离，提示天量顶部卖点可靠。作为 V 图反转期间的高抛价位，值得投资者关注。

C. 下跌期间波动加剧：股价在下跌趋势中快速扩大了跌幅。而低价区，量能出现放大迹象，股价在放量期间扩大了波动空间，股价反弹高达也达到下跌趋势的最高位。

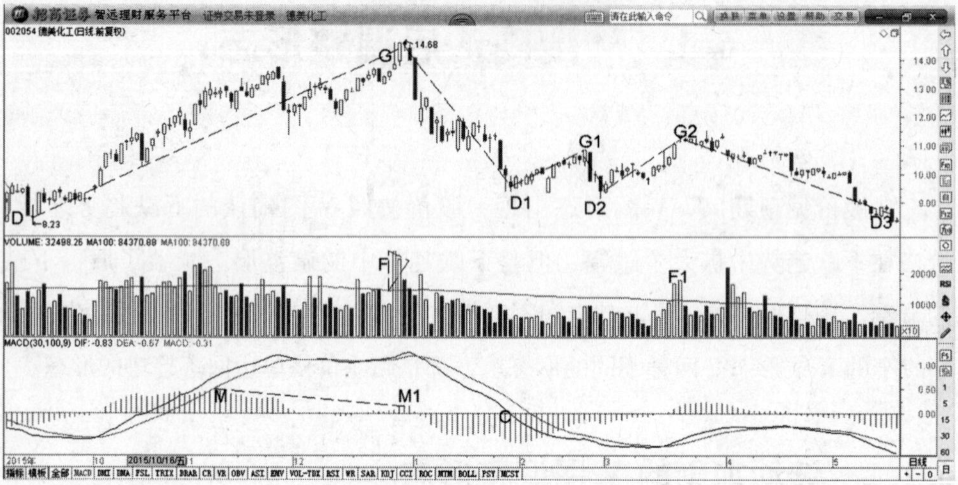

图 6－1　德美化工日 K 线

操作要领

1. 从股价出现放量顶部来看：如图 6－1 所示，从 D 位置到 G 位置的回升趋势中，股价涨幅达 70%，牛市期间该股表现抢眼。等待图中 F 位置天量出现，该股在 G 位置出现了顶部形态。量能充分释放后，天量见顶成为推动股价下跌的起点。

2. 从 MACD 指标背离提示 V 图顶来看：MACD 指标的柱线从 M 位置回落到 M1 位置，首先与股价形成背离，提示天量顶部 G 位置的卖点可靠。作为 V 图反转期间的高抛价位，G 位置是典型的抛售价位。

3. 从下跌期间波动加剧来看：MACD 指标的 DIF 线在 C 位置跌破 0 轴线，提示股价下跌趋势延续。在低价区，股价从 D1 位置和 D2 位置反弹。量能在 F1 位置放大期间，价格涨幅达 G2 位置高位。下跌趋势中，3 次 V 图形态 G－D1－G1、D1－G1－D2、G1－D2－G2 在股价震荡期间出现，这 3 次 V 图形态都是回落趋势的一部分。主要的 V 图转换形态 D－G－D3，是推动股价下跌的主要趋势形态。

总结

下跌趋势中，股价有时在超跌以后会出现放量反弹走势。不过价格反弹空间依然有限，难以对下跌趋势造成实质性影响。V 图形态推动的股价下跌趋势依然没有结束，如果从交易方向看，在股价短线 V 图出现的时候高抛减仓，是应对下跌趋势的较好策略。

6.1.2 波动减弱的 V 图调整形态

股价进入下跌趋势以后，如果股价单边下跌趋势中量能并未出现有效放大，股价反弹空间受限。即便价格出现了调整形态，股价波动空间也不会很大。在价格调整的时候，股价波动空间不断收窄。从形态特征看，价格波动会呈双向震荡最后波动空间收窄到一点。随着股价快速跌破了调整形态，接下来价格下跌幅度会继续扩大。

V 图形态出现以后，股价进入下跌趋势。波动减弱的调整形态中，价格短线的交易空间不断减小，最终，股价从调整形态的高位加速回落，股价最低的收盘价还会低于调整形态的最低价位。

形态特征

A．股价缩量见顶：股价在回升趋势中上涨潜力很大，涨幅超过 100%。最终，因为成交量不断收缩，股价还是出现了顶部形态。V 图形态在缩量顶部出现期间形成，价格下跌趋势从 V 图形态完成以后加速出现。

B．下跌期间有限放量：在股价下跌期间，成交量有限放大。量能只会在很短的时间里达到100日等量线上方，多数时间里，成交量低于等量线。放量不足限制了股价涨幅，使得价格波动空间减弱。

C. 波动收窄的调整形态结束：在股价反弹期间，价格波动空间不断收窄。直到成交量明显维持在等量线以下，股价随即出现了加速跌破调整形态。

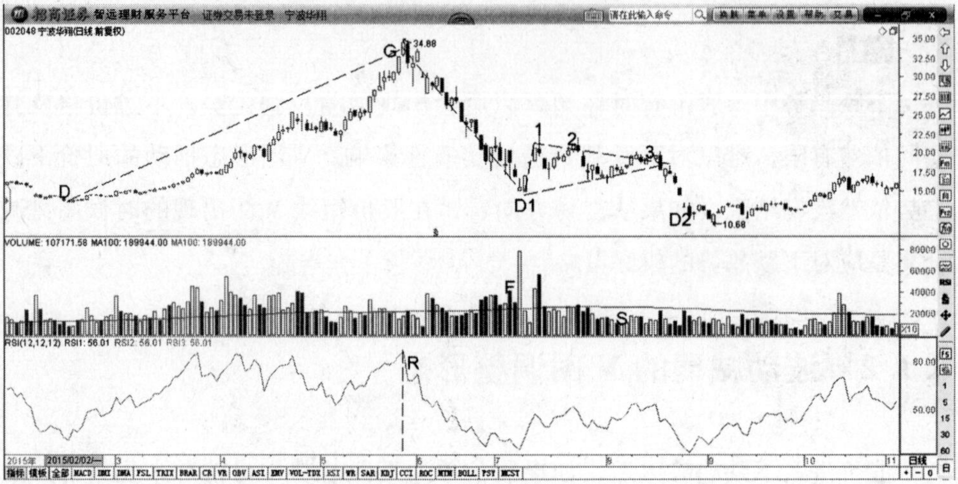

图6-2　宁波华翔日K线

操作要领

1. 从股价缩量见顶来看：如图6-2所示，从D位置开始，股价进入回升趋势中，到G位置的价格高位，股价这段时间上涨达130%。上涨幅度很大，但是成交量不断收缩，股价还是出现了G位置的顶部形态。V图形态在缩量顶部出现期间形成，价格在G位置进入下跌趋势。

2. 从下跌期间有限放量来看：在股价下跌期间，成交量有限放大。量能只会在F位置附近很短的时间里达到100日等量线上方，多数时间里，成交量低于等量线。放量不足限制了股价涨幅，使得价格波动空间减弱。

3. 从波动收窄的调整形态结束来看：反弹起始于D1位置的低价区，股价反弹到1位置以后，波动空间不断收窄。成交量在S位置显著低于等量线，在缩量状态下，该股在分别回调的1、2、3位置见顶，并且跌破了三角形的调整区域。加速回落期间，收盘价达 D2 位置的收盘价最低点。

总结

缩量状态下，股价反弹通常都会以跌破调整形态结束。实战当中，高抛交易机会出现在反弹结束期间。V 图推动的下跌趋势会延续下来，收盘价会达到更低价位，这是趋势延续的结果。

6.2　典型三角形调整形态

股价进入 V 图推动的单边运行趋势以后，价格调整形态中，三角形形态是常见的形态特征。三角形形态可以出现在股价下跌期间，也可以出现在股价上涨的过程中。不同情况下出现的三角形调整里，股价波动空间都是收窄的。作为单边趋势中的调整走势，三角形调整并不影响股价趋势性行情，却为投资者提供了更丰富的交易机会。

6.2.1　V 图下跌期间三角形调整

股价进入 V 图推动的下跌趋势以后，价格调整形态中，三角形形态是常见的形态特征。三角形形态里，股价波动空间不断收窄。成交量不能维持放大状态，量能只是在等量线附近，使得股价波动空间很小。首次反弹期间的涨幅较大，进入三角形调整以后，股价波动空间减小，收盘价不能达到反弹新高。这个时候，缩量调整意味着股价随时会跌破三角形形态。那么作为 V 图反转后的下跌趋势，三角形调整结束后，股价将延续回落态势。而三角形调整的上限价位是比较好的卖点。

形态特征

A. 高价区出现 RSI 背离：在回升趋势的高价区，RSI 指标与股价高位背离，提示高抛卖点出现。背离提示的卖点可以成为 V 图形态出现的信号，而 V 图形态出现以后，价格进入回落趋势。

B. 超跌反弹出现三角形调整：熊市期间股价超跌 50% 以上，这说明股价调整非常充分。技术性反弹出现在低价区，三角形调整成为股价反弹期间的弱势运行形态。

C. V 图推动的下跌趋势延续：V 图推动的缩量下跌趋势延续，等待三角形调整期间股价波动空间收窄，新一轮的下跌中，股价收盘价再创新低。

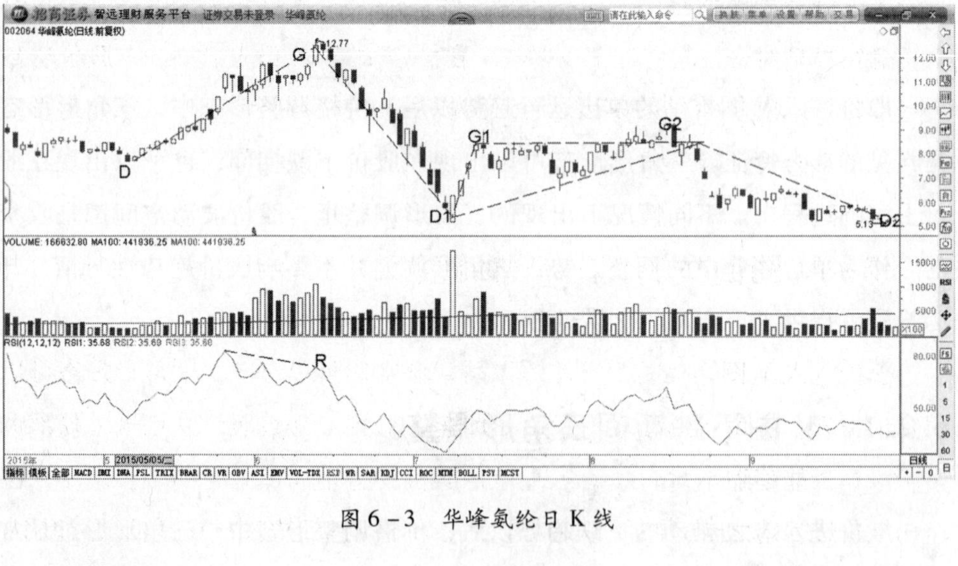

图 6-3　华峰氨纶日 K 线

操作要领

1. 从高价区出现 RSI 背离来看：如图 6-3 所示，股价从 D 位置进入回升趋势，价格飙升到 G 位置的高价区。RSI 指标回调到 R 位置，并且与股价形成高位背离，提示高抛卖点出现。背离提示的卖点可以成为 V 图形态出现的信号，V 图后股价下跌趋势从 G 位置开始。

2. 从超跌反弹出现三角形调整来看：进入下跌趋势以后，股价下跌至 D1 位置的低点，熊市期间股价超跌 60%。技术性反弹出现在低价区的 D1 位置，价格反弹至 G1 位置以后，三角形 D1 – G1 – G2 成为股价反弹期间的弱势运行形态。

3. 从 V 图推动的下跌趋势延续来看：V 图推动的缩量下跌趋势延续，等待三角形调整期间股价波动空间收窄，新一轮的下跌中，股价收盘价达到新低价 D2 位置。

总结

三角形调整形态出现在下跌趋势中，调整时间不超过 2 个月。弱势反弹是少数投资者抄底所致，追涨投资者较少，限制了股价涨幅。因此，三角形调整的结局是股价二次进入回落趋势。在 V 图推动的下跌趋势中，股价达到收盘价新低。出现在三角形调整期间的减仓价位较高，对于依然持股的投资者来讲不容忽视。

6.2.2　V 图回升期间三角形调整

股价进入 V 图推动的回升趋势以后，价格调整形态中，三角形形态可以很容易出现。三角形形态里，股价从加速上涨到上涨趋缓，并且进入局部调整阶段。量能萎缩至等量线附近，使得股价调整期间反弹空间逐步减小，甚至出现连续回落之势。缩量时间决定了三角形调整的规模，在缩量的过程中，价格波动空间减小的调整走势完成。

股价进入三角形调整阶段，指标短线回调也提示价格进入回调状态。这种三角形的缩量调整并不改变价格回升趋势。V 图反转以后，股价早已经进入回升趋势。而三角形调整只是价格回升期间的短期形态特征。在成交量收缩结束以后，其后放量期间股价将继续回升。放量推动的价格走势会脱离三角形调整形态，回升趋势的收盘价新高就会出现。

形态特征

A. 价格进入回升趋势：V图反转在低价区形成，股价从低价区开始放量上涨。同时，MACD指标的DIF线也同步回升，价格上涨趋势明显。

B. 三角形调整出现：股价上涨期间，价格上涨速度加快以后，高位回调走势出现。量能萎缩期间，股价调整力度加大，最终完成三角形形态。

C. 高位背离卖点出现：高价区的卖点出现在MACD指标背离回落期间，高价区的卖点在这个时候出现。背离提示V图形态出现，股价从回升趋势逆转到回落趋势。

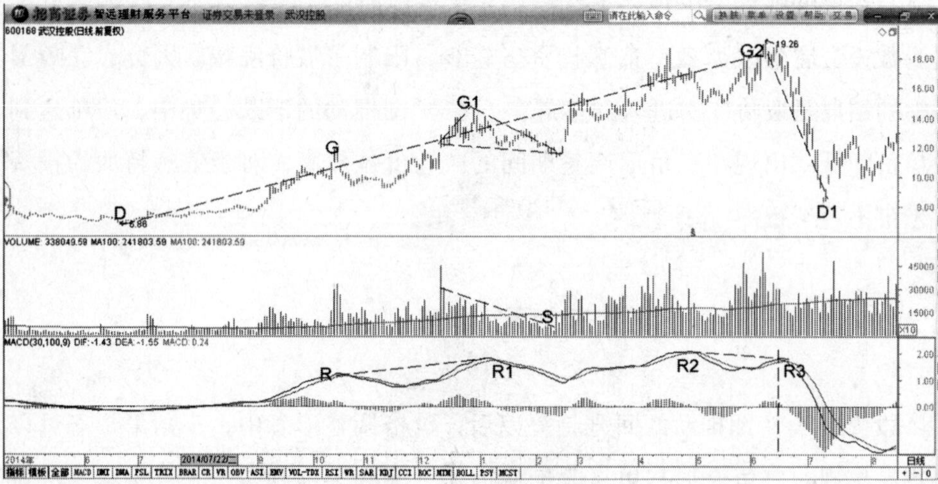

图6-4　武汉控股日K线

操作要领

1. 从价格进入回升趋势来看：如图6-4所示，V图反转在低价区D位置形成，股价从低价区开始放量上涨。同时，MACD指标的DIF线回升到R

位置。在指标回升到 R1 位置期间，G1 位置开始的调整走势形成。

2. 从三角形调整出现来看：股价上涨期间，价格调整走势在量能萎缩到 S 位置期间出现。股价加速回升到 G1 位置，股价涨幅过大。缩量推动股价进入短期低价位。如果投资者在这个时候关注交易机会，缩量低价的买点可以作为加仓机会。

3. 从高位背离卖点出现来看：价格从 D 位置飙升到 G2 位置，股价涨幅高达 170%，V 图推动的价格回升趋势已经见顶。在 MACD 指标 DIF 线从 R2 回调到 R3 期间，顶部价位的 G2 位置是 V 图形态出现的信号，价格从 G2 位置进入回落趋势，直到 D1 位置该股暴跌 60%。

总结

回升趋势中，成交量的变化对价格走势影响很大。如果量能持续放大，股价上涨趋势自然可以延续。不过成交量萎缩期间，股价冲高回落，三角形调整形态出现在这个时候。三角形调整出现在单边趋势，V 图推动的价格上涨趋势不会因为调整而结束，调整恰好是短线建仓交易的机会。

6.3　典型矩形调整形态

当股价进入 V 图推动的单边运行趋势以后，价格调整形态中，矩形形态是股价双向震荡的形态，通常会出现在多空实力相当的阶段。在股价下跌期间，股价超跌以后多方买入股票，使得多空实力相当，矩形形态就会出现。

相似的，矩形调整形态也可以出现在股价上涨的过程中。不同情况下出现的矩形调整里，股价都以横向震荡为主。作为单边趋势中的调整走势，矩形调整并不影响股价趋势性行情，却为投资者创造了双向交易的机会。

6.3.1 V 图下跌期间矩形调整

V 图推动的下跌趋势中，股价在价格下跌期间矩形震荡，调整出现在短线放量期间。量能虽然有限放大，但是价格短线涨幅快速飙升，矩形震荡的走势出现。从卖点看，矩形调整期间相似的卖点可以出现 2 次以上。这样一来，投资者就能够在短线高位抛售股票，以便应对股价回落。

在股价矩形调整期间，观察 RSI 指标，可以看到指标的旗形震荡出现。旗形形态里 RSI 指标震荡回升。旗形形态的震荡与股价双向波动同步进行。在 RSI 指标旗形震荡结束的时候，股价矩形调整也将进入尾声。

形态特征

A. 股价进入下跌趋势：从 V 图推动的反转开始，股价进入缩量下跌趋

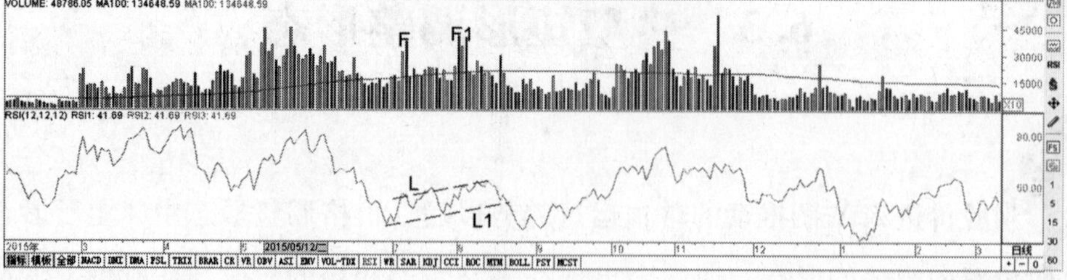

图 6－6　亚威股份日 K 线

势。股价跌幅加大的时候，技术性反弹走势出现。缩量期间，技术性反弹以矩形形态出现。

B. 脉冲放量期间股价震荡：脉冲放量的时候，股价反弹强度加大，相似的价格高位可以频繁出现，使得矩形调整的走势形成。既然是矩形调整，调整形态的高位抛售机会可以成为卖点。

C. RSI 旗形结束股价下跌：RSI 指标的旗形调整阶段，股价波动空间虽然不大，但是强势特征值得关注。当旗形调整震荡后回落的时候，交易机会消失，股价将延续 V 图推动的下跌趋势。

操作要领

1. 从股价进入下跌趋势来看：如图 6－6 所示，股价从 D 位置回升到 G 位置，V 图推动的反转从 G 位置开始。股价进入缩量下跌趋势以后，下跌期间的调整这时出现在 J 位置。缩量期间，技术性反弹以矩形形态出现在 J 位置。

2. 从脉冲放量期间股价震荡来看：F 和 F1 位置出现了脉冲放量的情况，股价反弹强度加大，相似的价格高位在 J 位置出现 3 次，使得矩形调整的走势形成。股价进入矩形调整以后，矩形上限是调整形态的高位抛售机会。

3. 从 RSI 旗形结束股价下跌来看：RSI 指标的旗形调整阶段，L 和 L1 分别是旗形调整的上限和下限。在 RSI 指标跌破旗形前，短线高价的卖点是减仓交易机会。减仓完毕，股价延续 V 图推动的下跌趋势。

总结

V 图推动股价下跌以后，技术性反弹从脉冲量能放大开始。在反弹期间，股价调整的形态并不重要，关键是脉冲量能消失前，投资者有机会在高价减少持股。股价跌幅扩大以后，下跌趋势中空仓可以将损失降到最低。

6.3.2　V 图回升期间矩形调整

回升趋势中，V 图反转形态已经出现，股价在价格回升期间出现矩形震荡，调整出现在短线指标调整阶段。MACD 指标有限回调，但是当指标调整力度加大以后，股价双向震荡的时间延长。价格横向震荡的过程中，投资机会出现在矩形调整的高位和低点。

在矩形调整期间，股价短线涨跌速度很快。从买点看，矩形调整期间相似的低价位是建仓机会。相似的价格低点可以出现 2 次以上。这样一来，投资者就能够在短线低位增加持股数量，以便在股价继续回升期间放大收益。

当股价出现矩形调整以后，观察同期 MACD 指标的表现。该指标的回调幅度较大，甚至能够达到低位的 0 轴线附近。旗形形态里 MACD 指标震荡运行，指标需要回调到支撑位寻求支撑。而 0 轴线通常是不会被跌破的支撑价位，投资者可以据此建仓。

形态特征

A. 价格进入回升趋势：V 图反转在低价区出现，股价从低价区回升以后，MACD 指标的 DIF 线也同步回升，价格上涨趋势加强。

B. 矩形调整出现：股价上涨期间，价格上涨速度加快以后，MACD 指标回调，推动股价进入调整阶段。指标企稳前股价双向震荡，最终完成矩形形态。

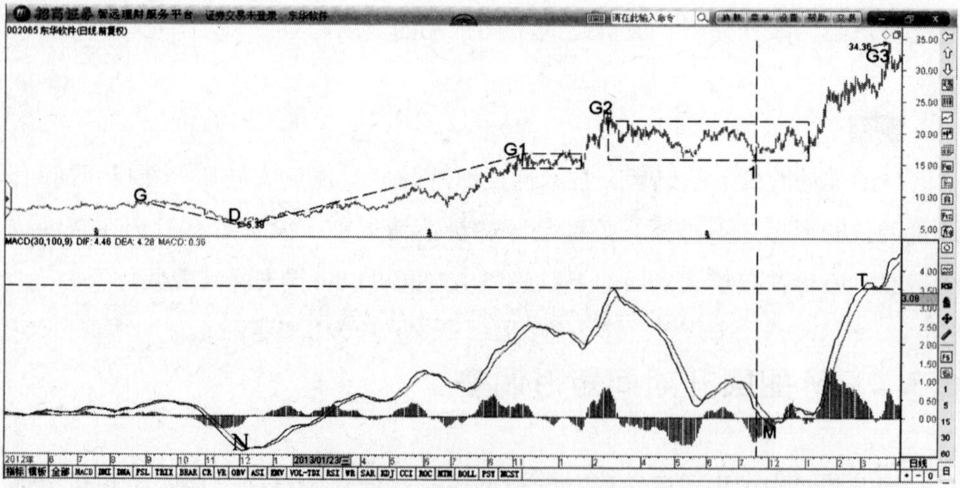

图 6-7　东华软件日 K 线

C. MACD 指标回调到 0 轴线：在矩形形态出现的时候，MACD 指标的 DIF 线回落到 0 轴线，股价的低价买点形成。

操作要领

1. 从价格进入回升趋势来看：如图 6－7 所示，V 图反转在低价区 D 位置出现，股价从低价区回升以后，V 图形态 G－D－G3 出现。MACD 指标的 DIF 线也从 N 位置回升，DIF 线的回升空间快速加大。

2. 从矩形调整出现来看：股价上涨速度加快，涨幅不断扩大。这个时候，高价区 G1 和 G2 位置见顶以后的矩形形态出现。矩形形态的规模由小到大，股价回升趋势在调整期间减缓。

3. 从 MACD 指标回调到 0 轴线来看：矩形形态出现的时候，MACD 指标的 DIF 线回落到 M 位置的 0 轴线。回升趋势中，DIF 线回调却不会轻易跌破 0 轴线，M 位置对应的 1 点是不错的建仓时机。

总结

股价在回升趋势中出现矩形调整，价格双向震荡的格局中，很多投资者会因为调整而减少持股。但是 V 图推动的价格上涨并未结束，确保在股价回调期间增加持股数量，才能更大规模地获取利润。

6.4　典型旗形调整形态

股价进入 V 图推动的单边运行趋势，单边趋势中也会出现双向调整，旗形调整形态是其中一种。从调整的节奏来看，旗形形态与矩形形态非常相似。旗形形态中，股价双向震荡的上限和下限是平行线。股价虽然并未横盘震荡，但是确实是在倾斜的双线之间波动。如果投资者掌握了旗形的这种调整节奏，自然能够在价格调整过程中获取更好的收益。

6.4.1 V 图下跌期间旗形调整

当股价顶部反转信号出现以后，价格高位的反转形态出现，股价进入 V 图推动的下跌趋势。不过多方抢筹使得股价震荡次数增加，旗形就是在多空争夺期间出现的形态。总体来看，股价虽然在旗形震荡的时候双向波动，但是收盘价格不断达到新低价位。如果投资者希望在股价下跌的过程中减仓，旗形形态就提供了这样的机会。

旗形震荡持续时间受到成交量影响，量能低于 100 日等量线前，价格强势运行依然持续。随着股价在下跌趋势中量能显著萎缩，股价最终会跌破旗形的下限，在单边回落期间扩大跌幅。

形态特征

A. RSI 背离确认 V 图形态：在股价加速回升的价格高位，RSI 指标与股价高位背离，提示高抛卖点出现。背离形态成为 V 图形态出现的信号，V 图反转推动股价进入回落趋势。

B. 缩量前出现旗形调整：量能萎缩股价运行状态减弱，价格在旗形调整阶段扩大跌幅。熊市行情中，股价加速下跌前，多空争夺激烈，旗形调整中，股价在一个价格区间震荡，直到量能显著低于 100 日等量线。

C. 量能萎缩，股价跌幅扩大：V 图推动的下跌趋势延续，旗形调整是短期调整形态，在缩量期间股价下跌趋势延续。量能显著低于 100 日等量线的时候，股价在下跌趋势中会扩大跌幅。

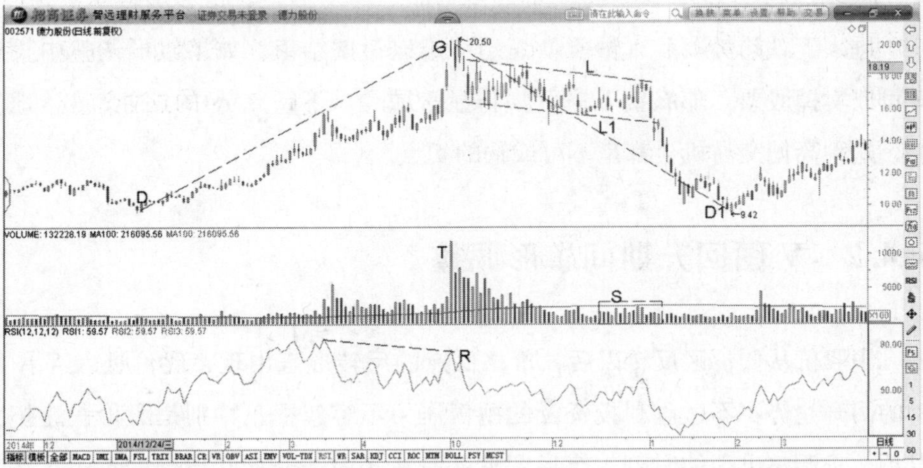

图6-8 德力股份日K线

操作要领

1. 从RSI背离确认V图形态来看：如图6-8所示，从D位置开始，股价加速回升到价格高位G位置，涨幅超过了100%。RSI指标与股价高位背离，指标回调到R位置的时候，提示G位置的高抛卖点出现。这期间，V图反转推动股价进入回落趋势。

2. 从缩量前出现旗形调整来看：量能从T位置的天量状态开始萎缩，股价也同步进入弱势震荡区间。L1位置的股价旗形形态是缩量状态下的多空争夺形态。调整期间股价依然会在收盘扩大跌幅，因此旗形形态的L1位置的支撑只在短期有效。

3. 从量能萎缩，股价跌幅扩大来看：V图推动的下跌趋势延续，而S位置量能很难维持在100日等量线上方，旗形调整推动股价短期震荡。最终股价下跌至旗形下限，并且达到回落趋势低价区D1位置。而D1位置对应的量能已经是地量状态。

总结

进入下跌趋势以后，量能萎缩趋势难以短期结束。如果旗形调整中投资者可以卖掉股票，那么接下来亏损将显著减少。下跌趋势中，成交量达地量前，这种高抛交易机会都是不可或缺的卖点。

6.4.2 V 图回升期间旗形调整

当股价从低价区反转以后，价格低点的反转形态出现，股价进入 V 图推动的回升趋势。不过盈利投资者的抛售压力不容忽视，特别是股价快速扩大以后，是调整出现的时刻。旗形调整就是在多空争夺期间出现的形态。在旗形形态里，股价震荡下跌，但是总体跌幅不会影响回升趋势。

旗形震荡持续时间较短，受到成交量萎缩影响，量能低于 100 日等量线的时候，价格旗形调整将在短期持续。通常，旗形调整过程中量能可接近地量，地量对应地价，是回升趋势中买入股票的典型时机。

形态特征

A. 低价区 V 图反转：低价区出现了 V 图反转形态，股价从低价区企稳以后，进入单边回升趋势。直到涨幅加大的时候，V 图形态依然没有结束。

B. 股价旗形调整出现：股价旗形调整是在量能萎缩的情况下出现的，改变了价格回升趋势，但是股价在旗形期间跌幅有限。RSI 指标回调到 50 线下方，指标调整到位提示调整形态结束。

C. 局部 V 图推动价格继续走强：RSI 指标的双向震荡中，指标在短期出现了 V 图形态，推动股价回升。RSI 指标回升期间，股价再次进入回升趋势，价格涨位扩大到更高价位。

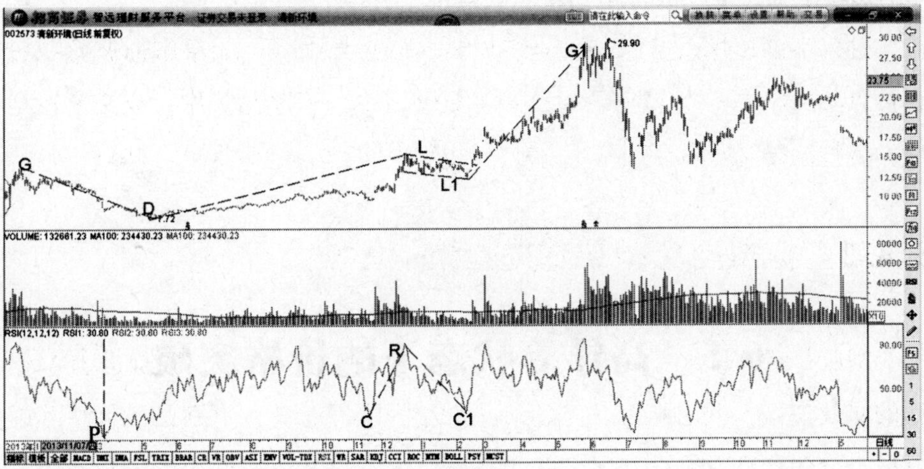

图 6-9　清新环境日 K 线

操作要领

1. 从低价区 V 图反转来看：如图 6-9 所示，低价区的 V 图反转从 D 位置开始，股价 V 图形态 G-D-G1 出现。V 图出现前，RSI 指标在 P 位置超卖触底，提示交易机会出现。

2. 从股价旗形调整出现来看：股价旗形调整出现在 L 和 L1 位置。L 和 L1 分别为旗形的上限和下限。RSI 指标在 R 位置见顶，指标的 V 图形态在 C-R-C1位置形成。

3. 从局部 V 图推动价格继续走强来看：RSI 指标的双向震荡中，当 RSI 指标在短期 C1 位置反弹以后，股价摆脱了旗形调整，延续了 V 图推动的回升趋势。RSI 指标的新 V 图形态从 R-C1 开始，指标回升，C1 位置是指标反转点。最终股价涨幅达到 G1 位置，回升趋势中 D 到 G1 位置涨幅达 250%。

总结

回升趋势中，V 图推动的价格上涨不会因为短期的旗形调整结束。特别是旗形形态调整时间在 3 个月内的时候，股价回升趋势依然能够延续。RSI 指标的重新走强，推动股价达到新高收盘价。

6.5　高浮筹状态下的价格突破

V 图推动的单边趋势出现以后，价格运行单边趋势期间，调整形态成为趋势延续的中短期形态。研究 V 图形态，还需关注高浮筹状态下的价格突破走势。在高浮筹状态下，股价快速脱离高浮筹区域，可以确认为价格进入单边趋势的有效信号。任何单边趋势在 V 图形态出现前都可以表现为高浮筹状态，价格突破高浮筹期间，体现了 V 图推动的单边趋势延续。

6.5.1　高浮筹期间下跌突破

在股价大幅上涨以后，筹码转移到价格高位，是主力洗盘出货的信号。散户投资者在高价区接盘，使得股价处于高浮筹的高价区域。高价区聚集了大量的浮筹，股价继续向上突破高浮筹区域难度很大。散户投资者很难在拉升股价方面达成一致，而盈利投资者在高价区抛售股票的数量增加，使得价格跌破高浮筹的价格高位的概率大增。

形态特征

A. 高价区缩量回升：价格进入回升趋势，集中放量后股价缩量上涨，价格达到高价区。这个时候，量能萎缩，抛售压力增加。

B. 价格进入高浮筹区域：在股价缩量达到高位期间，浮筹指标回升到高价区。主力在高价区大量出货，使得筹码集中分布在价格高位。

C. 脉冲拉升失败：缩量状态下，高价区出现脉冲放量拉升股价。脉冲量能持续时间较短，股价冲高失败，V 图推动的下跌趋势形成。

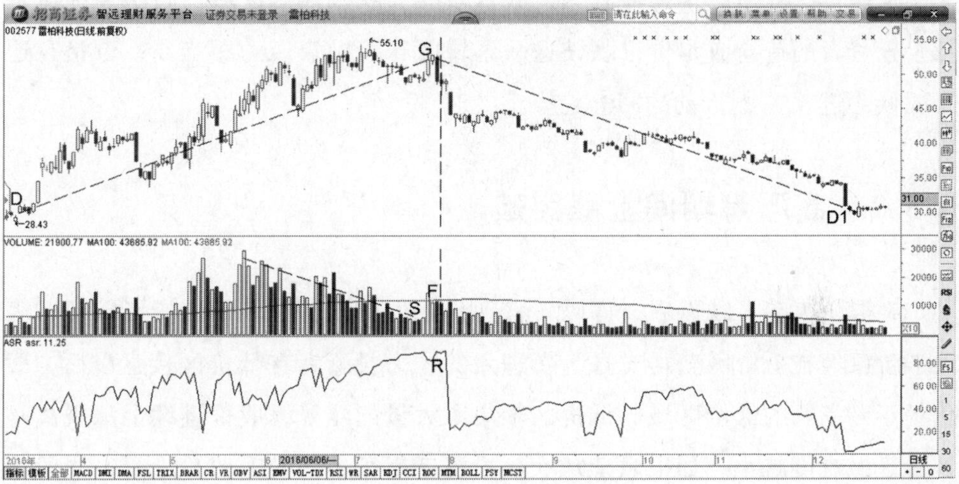

图 6－10　雷柏科技日 K 线

操作要领

1. 从高价区缩量回升来看：如图 6－10 所示，价格从 D 位置开始单边回升，股价上涨趋势明显。上涨一段时间后，G 位置量能集中放量后萎缩到 S 位置低点，股价缩量飙升到 G 位置的高位。量能释放完毕，该股在此见顶概率大增。

2. 从价格进入高浮筹区域来看：在股价缩量达到高位期间，浮筹指标回升到高价区 R 位置。主力在高价区大量出货，使得筹码集中分布在价格高位，该股抛售压力显著增大。

3. 从脉冲拉升失败来看：缩量状态下，高价区出现 F 位置的脉冲放量。量能放大时间很短，使得股价短线拉升到 G 位置，该价位已经是脉冲放量拉升的高位。从脉冲量放量的高位 G 开始，股价见顶回落后跌破高浮筹区域。

ASR 指标从 R 位置快速回调，表明股价跌破高浮筹区域的突破有效，V 图形态 D－G－D1 出现，股价进入下跌趋势。

总结

从高价区的高浮筹区域开始，股价杀跌会跌破浮筹区域。高浮筹区域是散户投资者的持仓成本价，跌破这一区域意味着抛售压力相当高，价格在这个时候会进入 V 图推动的回落趋势。

6.5.2 高浮筹期间上涨突破

在股价大幅下跌以后，筹码转移到价格低位，新进入的投资者接盘，表明股价已经在低价区获得支撑。新进入的主力投资者在低价区接盘以后，股价处于高浮筹的低价区域。低价区聚集了大量的浮筹，股价继续上涨脱离高浮筹区域难度减小。如果量能放大，投资者就很容易拉升股价上涨。当股价脱离高浮筹价格区域的时候，表明回升趋势已经得到加强。

形态特征

A. 低价区量能回升：价格进入回落趋势，缩量下跌期间股价跌幅扩大。低价区，量能出现放大迹象，提示主力加码明显，股价活跃度提升。

B. 价格进入高浮筹区域：股价缩量下跌，下跌空间加大，浮筹指标同步回落。而后低价区股价出现小幅反弹，浮筹指标 ASR 回升到高位，提示股价进入高浮筹的阻力位。

C. 股价放量走强：量能缩量到位，低价区成交量逐步放大，股价走强，推动 V 图反转形态出现。价格进入单边回升趋势，股价脱离高浮筹区域的时候，突破被确认有效。

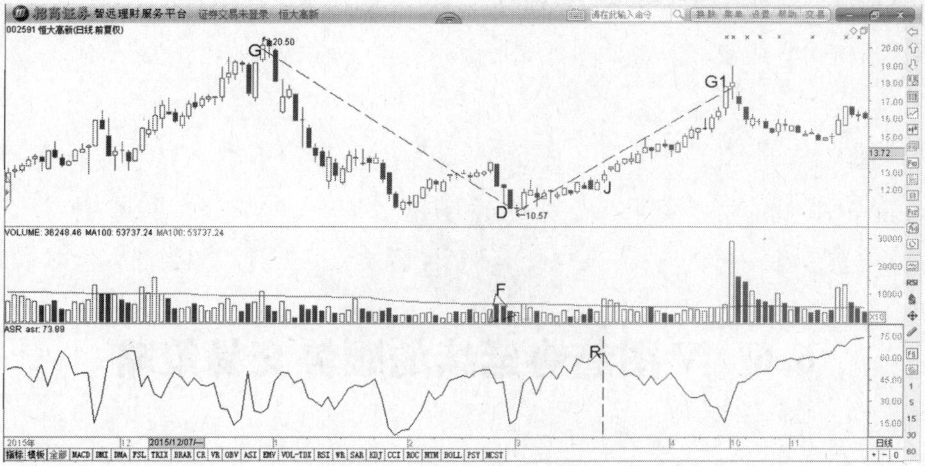

图6－11　恒大高新日K线

操作要领

1. 从低价区量能回升来看：如图6－11所示，在缩量状态下，股价从G位置回落到D位置，跌幅扩大。在低价区F位置，量能出现放大迹象，股价收盘达到最低点D位置收盘价。该股在低价区已经超卖。

2. 从价格进入高浮筹区域来看：股价缩量下跌，下跌空间加大，股价从G位置杀跌到D位置。跌幅扩大以后，价格进入R位置的高浮筹区域。R位置的高浮筹对应J位置的收盘价高位，这是股价加速上涨的起点。

3. 从股价放量走强来看：J位置对应的成交量放大，股价在J位置继续回升，股价脱离了R位置对应的高浮筹价位。可见，V图推动的反转形态出现。股价从突破高浮筹区域以后加速回升。价格在J位置脱离高浮筹区域，是回升期间重要买点。

总结

在低价区，主力投资者趁机抄底买入股票，使得筹码大量集中到低点。这个时候，量能继续放大，价格摆脱高浮筹区域。V图推动的股价回升趋势得到加强，投资者持股可以持续盈利。

6.6 V图趋势延续的顺势交易策略

V图形态出现在行情转换期间，价格运行趋势逆转，交易方向出现变化，投资者的仓位布置也需要相应地调整。顺应V图推动的单边趋势，可以在价格单边上涨期间加仓，或者在单边回落期间选择高抛卖掉减少持股。

6.6.1 V图延续的调整加仓策略

确认V图反转后的低价买点，V图反转的信号可以有重要的红三兵形态。在红三兵形态推动的价格上涨期间，股价很快确认了反转形态。低价区红三兵形态的支撑效果很好，股价在回升趋势中调整，却不会跌破红三兵的支撑价位。而价格回升期间，缩量对应低价，是投资者采取加仓策略的机会。如果在不同的缩量期间低价抄底，增加持股数量的同时，也能够在股价上涨的时候扩大收益空间。

形态特征

A. 红三兵推动V图形成：红三兵推动股价出现V图反转，低价区反转完成，股价进入放量回升趋势。

B. 缩量低价加仓机会出现：股价上涨的过程中，量能维持放大状态。短线缩量对应的低价买点出现，可视为加仓机会。增仓次数增加以后，股价上涨期间可以放大收益。

C. 背离提示行情逆转：股价进入回升趋势以后，价格涨幅不断扩大。在高价区的压力位，RSI 指标与股价高位背离提示卖点出现。

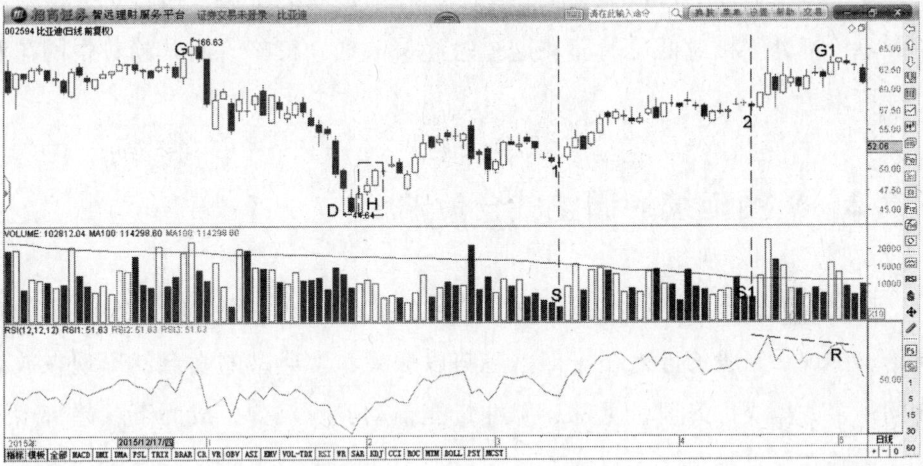

图 6-12　比亚迪日 K 线

操作要领

1. 从红三兵推动 V 图形成来看：如图 6-12 所示，股价从 G 位置见顶，下跌趋势中该股在 D 位置触底。H 位置的红三兵形态成为股价触底的信号，视为最低价的建仓交易信号。红三兵推动股价出现 V 图反转，该股进入放量回升趋势。

2. 从缩量低价加仓机会出现来看：在股价上涨的过程中，量能维持放大状态。短线缩量出现在 S 和 S1 位置。这两个位置的量能明显低于 100 日等量线，同期股价达 1 和 2 位置的低价。1 和 2 位置的低价是建仓机会。

3. 从背离提示行情逆转来看：其后股价小幅放量上涨，价格涨幅达 G1 位置，从 D 位置到 G1 位置股价累计实现 40% 的涨幅。进入高价区以后，股价达到与前期高位 G 相似的压力位，RSI 指标与股价高位背离回调到 R 位置，提示 G1 位置卖点出现。

总结

V 图推动的价格回升趋势中，股价涨幅加大，交易机会出现得很少。一旦出现了量能萎缩，可以视为低价买点。在缩量状态下买入股票，通常对应的收盘价都处于相对低位。而在这个时候采取加仓策略，回升趋势中的盈利空间可以扩大。

6.6.2 V 图延续的调整减仓策略

黑三兵形态是典型的反转走势，该形态推动股价高位反转，推动 V 图反转形态出现。当股价进入缩量回落趋势以后，非常典型的卖点就出现在放量期间。多方短线拉升股价上涨，脉冲量能推动股价反弹，成为下跌趋势中不多见的减仓交易机会。

在下跌趋势中，脉冲放量的次数增加，而股价反弹到高位期间的卖点出现。脉冲放量的量能总体呈现萎缩趋势。直到量能低于 100 日等量线的时候，股价反弹空间显著降低，高抛减仓的交易机会就会消失。

形态特征

A. 黑三兵推动 V 图形成：黑三兵推动股价出现 V 图反转，高价区反转完成，股价进入缩量回落趋势。

B. 放量高价减仓机会出现：股价缩量下跌的过程中，量能维持萎缩状态。短线放量对应的价格反弹到高位，可视为高抛减仓机会。在股价上涨期间减仓及时，投资者可以减少亏损。

C. 脉冲放量提示高抛卖点：股价进入回落趋势以后，价格弱势阴跌的表现延续下来。而多方短线拉升股价上涨，脉冲量能推动股价反弹，成为下跌趋势中的卖点。

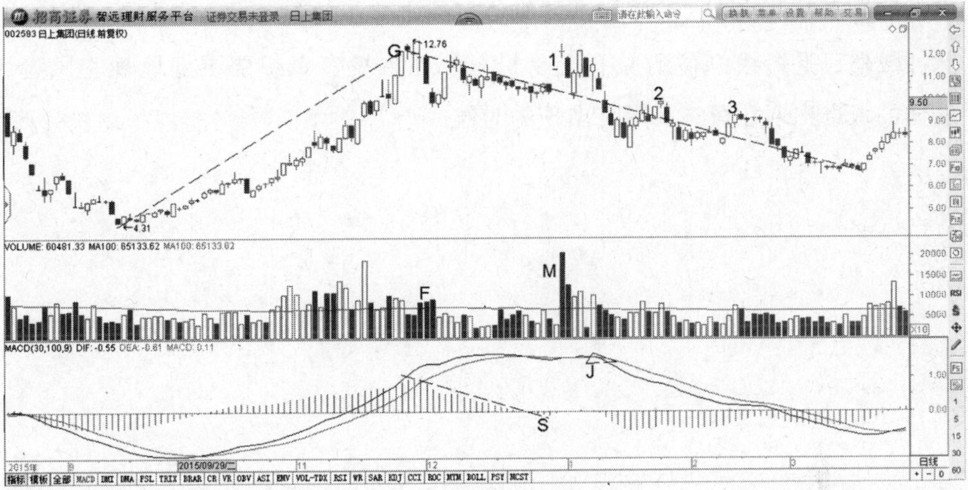

图 6－13　日上集团日 K 线

操作要领

1. 从黑三兵推动 V 图形成来看：如图 6－13 所示，前期股价飙升接近 300% 达到高位 G，而黑三兵形态出现在高价区 G 位置，成为推动股价出现 V 图反转的信号。从 G 位置开始，股价进入缩量回落趋势。

2. 从放量高价减仓机会出现来看：股价在 F 位置放量以后，股价以阴线回落形成完成反转形态，这个时候最高价位的减仓交易信号出现。随着股价跌幅扩大，减仓机会继续出现在 M 位置放量期间。

3. 从脉冲放量提示高抛卖点来看：MACD 指标柱线回调到 S 位置，技术性反弹出现在量能脉冲放大到 M 的时候，股价反弹到 1 位置，是比较典型的高抛卖点。随着 DIF 线在 J 位置出现死叉形态，脉冲放量推动的反弹卖点继续出现在 2 和 3 位置，只是 2 和 3 位置的价格较低，减仓的投资者会有更多损失出现。

总结

缩量下跌趋势中，V 图推动的股价下跌走势趋势性很强。股价缩量下跌，脉冲放量只是短线高位的减仓交易机会。如果投资者想要更好地规避风险，最佳的卖点出现在黑三兵形态出现的时候。

/ 第 7 章 /

上证指数 V 图形态分析

个股 V 图反转期间，交易机会只存在于特定股票中，而上证指数出现 V 图形态以后，多数股票都会出现类似的 V 图反转形态，而交易机会则在更广泛的股票里形成。如果投资者按照指数 V 图形态确认个股中存在的交易机会，那么获得成功的概率就很高了。指数 V 图反转的确认方式与个股相似，同样可以利用 K 线反转、量能变化和指标形态来判断 V 图反转信号，确认价格运行方向和交易动作。

7.1　上证指数尖顶 V 图

指数的尖顶反转形态里，股价进入 V 图反转的速度很快。指数回升到高位，并不需要太多的调整就能够确认顶部卖点。在成交量萎缩和指标走坏的时候，确认上证指数的高位反转形态，投资者可以据此判断个股的高抛交易机会。

指数日 K 线图中出现了典型的顶部反转形态，V 图反转推动指数进入下跌趋势。在跌幅扩大的过程中，个股跌幅要明显超过指数，通常个股波动可以达到指数的 3 倍。因此，在指数见顶的过程中，对于个股抛售机会的把握一定不能忽视。

形态特征

A. RSI 指标与股价首次背离：RSI 指标与指数高位背离，首次背离提示指数见顶，个股的抛售机会也在这个时候形成。根据背离提供的交易信号，个股顶部出现的概率大增。

B. 高价区连续背离卖点：高价区出现了连续背离形态，连续 2 次背离以后，指数顶部确认。这个时候，可以确认指数的顶部 V 图反转形态，指数将进入回落趋势。

C. 缩量进入下跌趋势：缩量进入回落趋势以后，量能明显低于 100 日等量线的时候，指数的单边下跌趋势延续，投资者持股的风险很大。

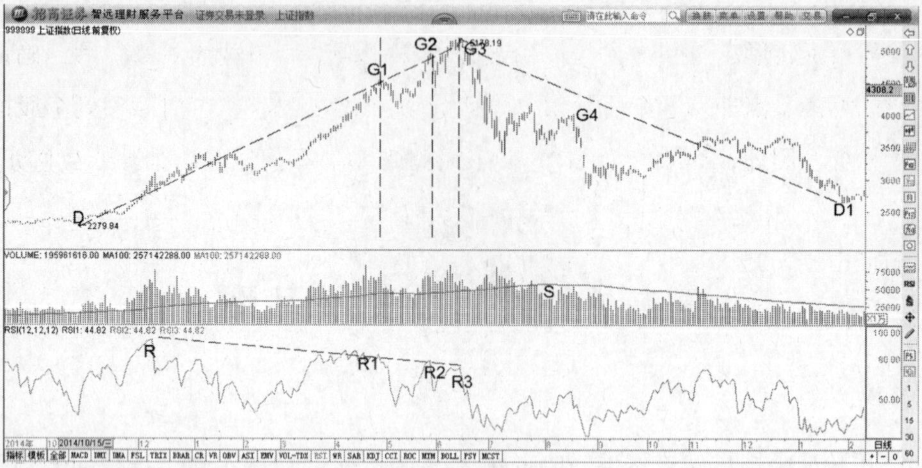

图 7-1　上证指数日 K 线

操作要领

1. 从 RSI 指标与股价首次背离来看：如图 7-1 所示，RSI 指标从 R 位置回落到 R1 位置的时候，指标已经与指数高位背离。首次背离提示指数在 G1 位置见顶，个股的抛售机会也在这个时候形成。第一次背离是个股比较有效的减仓机会，虽然减仓价位可能不高，但是却可以有效规避指数回落风险。

2. 从高价区连续背离卖点来看：高价区 RSI 指标继续回调到 R2 和 R3 位置，出现了连续背离形态，这提示高价区 G2 和 G3 的连续抛售信号出现。连续 2 次背离以后，指数顶部确认。这个时候，可以确认指数的顶部 V 图反转形态出现在 G3 位置，指数将进入回落趋势。

3. 从缩量进入下跌趋势来看：股价见顶以后，V 图形态 D-G3-D1 已经出现，指数缩量进入回落趋势以后，量能在 S 位置已经明显低于 100 日等量线，这是指数下跌还未结束的信号。后期指数从 G4 下跌到最低 D1 位置，跌幅高达 33%。指数跌幅超过 30% 的情况下，个股跌幅更是可以在 60% 以上。

总结

V 图反转形态出现在高位以后，指数在下跌趋势中跌幅不断扩大。确认指数的背离卖点非常重要，使得投资者能够在市场进入熊市前意识到个股的抛售机会。因此，如果提前减仓，相比较下跌趋势中遭受更大亏损要占主动。

7.2　上证指数尖底 V 图

在尖底反转形态里，指数进入 V 图反转的速度很快。指数下跌到低点，简单低价反转形态就可以确认指数底部。在成交量放大和指标超卖的时候，确认上证指数的低位反转形态，投资者可以据此判断个股的建仓交易机会。

指数日 K 线图中出现了典型的底部反转形态，V 图反转的过程一气呵成。股价触底期间量能放大，触底 K 线快速形成，而低价区的 RSI 指标超卖能帮助投资者发现底部信号。

形态特征

A. RSI 指标低位超卖：在指数长期下跌期间，RSI 指标已经下跌至 20 以下的超卖状态。指标回落空间较大，低于 20 的情况在指数日 K 线中更是很难出现。出现超卖形态，预示着指数已经触底。

B. 指数触底 K 线出现：典型的触底形态中，带有下影线的阳线值得投资者关注。下影线表明指数触底成功，而阳线形态则表明指数不仅触底，而且是触底后成功回升，底部特征明确。

C. 放量确认 V 图反转：成交量在指数触底期间放大，表明多空争夺激烈，多方能够掌控局势。量能放大提示指数活跃度增加，V 图反转形态从放量期间开始。而个股的交易机会也在指数底部出现以后开始，低价建仓的盈利机会确认。

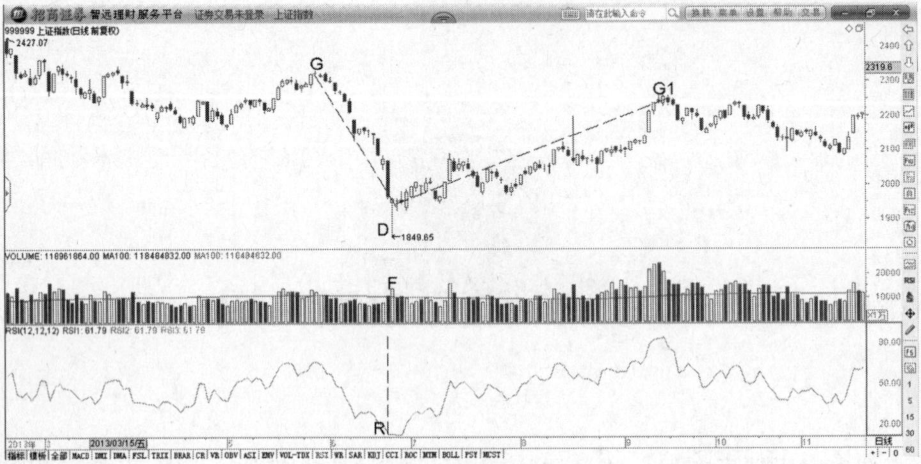

图 7－2　上证指数日 K 线

操作要领

1. 从 RSI 指标低位超卖来看：如图 7－2 所示，在指数从 G 位置下跌期间，股价已经触底 D 位置的低价。RSI 指标同步下跌至 20 以下的超卖状态，R 位置的指标超卖，提示指数底部出现。

2. 从指数触底 K 线出现来看：图中 D 位置是典型的触底形态，带有下影线的阳线轻松触底回升。下影线很长，提示指数底部的支撑很强，指数触底信号在 D 位置出现。

3. 从放量确认 V 图反转来看：成交量在指数触底 D 位置期间放大，表明多空争夺激烈，多方能够掌控局势。F 位置的成交量达到 100 日等量线上方，显示成交量有效回升。接下来指数继续放量，V 图反转形态 G－D－G1 出现，指数放量回升从 D 位置开始。与此同时，个股的建仓交易机会也已经出现。

总结

上证指数下跌幅度较大，而 RSI 指标的超卖提示股价已经下跌到位。这个时候，是指数从历史低位回升的起始点。V 图形态的起点与 RSI 指标超卖同步出现，RSI 指标的历史低位同时也是指数的低点。

7.3　上证指数平顶 V 图

指数的平顶反转形态里，股价进入 V 图反转的速度并不快。指数回升到高位以后，高点位的震荡持续一段时间后，指数才会进入缩量下跌趋势。在指数震荡的时候，成交量有限放大，但指数涨幅并不大。而缩量期间，指数进入下跌趋势的速度加快。下跌趋势在这个时候出现。

从成交量萎缩的过程和 RSI 指标背离回调，可以确认指数高位反转的起始点。一旦指数在高位反转，V 图反转推动指数就会进入下跌趋势。当指数跌幅扩大以后，个股跌幅要明显超过指数。在指数下跌期间确认个股抛售机会，可以有效规避下跌风险。

形态特征

A. RSI 指标与股价首次背离：RSI 指标与指数高位背离，首次背离即可提示指数见顶。与指数高位见顶相似，个股的抛售机会也在这个时候形成。

B. 高价区量能有限放大：高价区指数横盘期间量能维持在 100 日等量线上方，但是量能并未持续放大，而是维持在等量线附近运行。量能维持放大状态持续时间较短，使得股价完成了横盘运行的顶部平顶形态。

C. 指数回落确认 V 图反转：指数缩量进入回落趋势以后，量能明显低于 100 日等量线，指数的下跌确认 V 图反转形态出现。

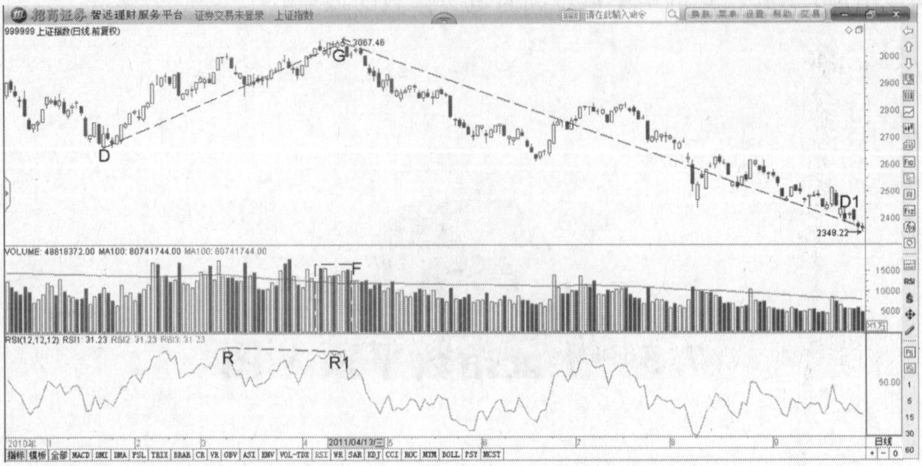

图 7－3　上证指数日 K 线

操作要领

1. 从 RSI 指标与股价首次背离来看：如图 7－3 所示，在图中 RSI 指标从 R 位置回调到 R1 位置，表明 RSI 指标与指数高位背离。在指数弱势运行的情况下，首次高位背离即可提示指数的顶特征。

2. 从高价区量能有限放大来看：在指数横盘期间，量能在 F 位置勉强维持在 100 日等量线上方，但是量能并未持续放大。并且，成交量维持在等量线上方仅有 1 周时间，指数就出现缩量下跌走势。可见，指数平顶形态已经出现在 G 位置。

3. 从指数回落确认 V 图反转来看：指数在 G 位置横盘结束，然后明显进入缩量回落趋势。在指数回落期间，量能明显低于 100 日等量线，指数的下跌确认 V 图反转形态出现。V 图反转形态走势为 D－G－D1。

总结

弱势运行的状态下，上证指数的 V 图反转形态很容易确认。量能低于 100 日等量线的时候，是指数进入下跌趋势的典型信号。确认指数下跌以后，在下跌期间降低个股的仓位，可以有效规避风险。

7.4　上证指数平底 V 图

在平底反转形态里，指数进入 V 图反转的速度较慢。指数下跌到低点时，简单触底形态并不能支撑指数上涨。而在相对复杂的底部调整形态里，指数可以在放量状态下企稳。随着低价区 RSI 指标底部背离和成交量温和放大，个股在指数推动下触底回升，并且在持续放量的情况下企稳，最终实现加速上涨。

在平底形态推动下，指数在日 K 线图中横盘并且企稳。指数平底 V 图反转以后，个股低价区的买点出现。指数触底期间，个股的买点相对低廉，适合大量建仓等待盈利。

形态特征

A. RSI 指标与指数底背离：指数大幅下跌并且触底期间，RSI 指标与指数低位背离，首次背离即可提示指数超跌买点出现。个股的建仓机会与指数触底时间相似，投资者可以确认低价区个股买点。

B. 成交量温和放大：低价区出现了连续放量形态，1 个月以上的放量，指数在低位实现了平底形态。平底而不是尖底，却更容易形成指数真正的底部特征，是推动指数 V 形态反转的形态。

C. 继续放量推动指数上涨：成交量放大的时候，股价进入单边回升趋势，量能稳步回升，指数上涨趋势加强。V 图推动的指数单边回升趋势里，个股交易机会明显增多。

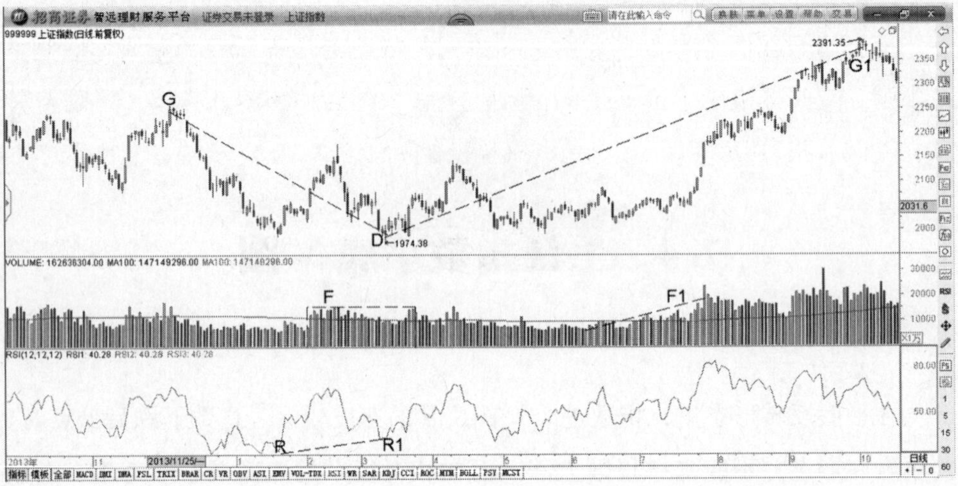

图 7－4　上证指数日 K 线

操作要领

1. 从 RSI 指标与指数底背离来看：如图 7－4 所示，指数从 G 位置大幅下跌并且触底 D 位置期间，RSI 指标与指数低位背离。RSI 指标从 R 位置回升到 R1 位置，而同期上证指数却回调到 D 位置的低点。首次背离即可提示指数 D 位置的底部信号，个股的建仓机会与指数触底时间相似，投资者可以确认低价区个股买点。

2. 从成交量温和放大来看：低价区 F 位置出现了 1 个月的连续放量，指数在低位实现了平底形态。平底而不是尖底，其实是非常有效的底部特征。尖底更容易造成反弹，而指数平底可以成为真实的底部。D 位置的指数底部可以促使 V 形态反转出现。

3. 从继续放量推动指数上涨来看：成交量在 F1 位置持续放大，指数已经进入单边回升趋势。同时，V 图反转形态从 D 位置的平底开始，推动指数在单边回升趋势扩大涨幅。从后期指数形态看，G－D－G1 显示的 V 图形态正在完成。

总结

上证指数在低位完成平底的过程中，指数已经在确认反转形态。只是低点的指数反转速度较慢，整体来看，依然是 V 图推动的回升趋势。指数 V 图反转期间，指数涨幅扩大，个股交易机会由此形成。

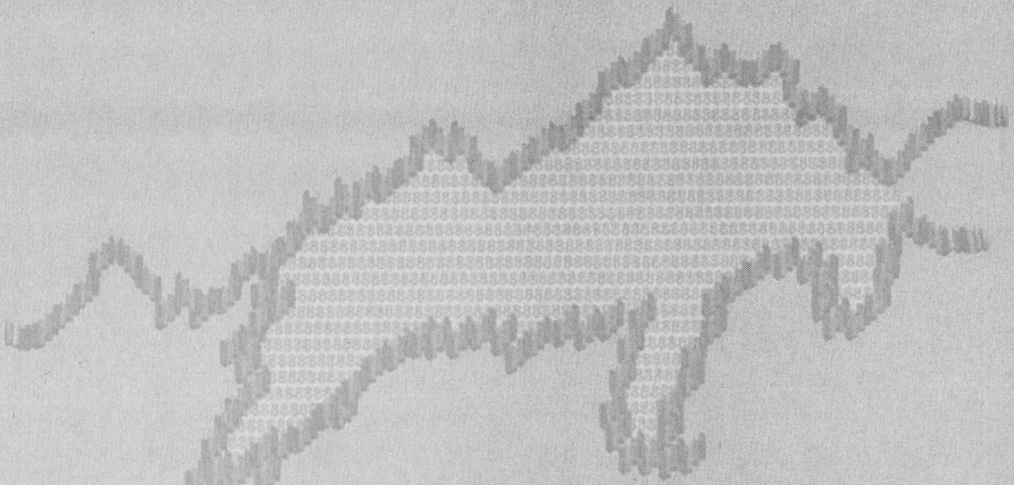

/ 第 8 章 /

个股 V 图典型交易案例

个股 V 图推动的价格反转走势中，股价波动潜力相比指数大很多。并且个股的反转形态变化较多，其 V 图反转形态值得投资者深入研究。关于 V 图形态，股价在反转期间可以有尖底或者尖顶、圆弧底或者圆弧顶、平底或者平顶三种情况。尖底和尖顶的情况中，价格反转的效率最高，更容易推动股价反转，促使 V 图形态出现。其余两种反转形态里，股价调整时间较长，反转形态确认需要耐心。

本章以不同的案例解读来说明 V 图形态的确认过程，以及 V 图形态出现后的交易策略，帮助投资者充分了解 V 图形态的不同变化。

8.1　尖顶尖底转换 V 图交易

在尖底和尖顶的反转形态里，V 图形态出现的速度很快，价格反转效率较高，股价在极短的时间里进入单边趋势。这个时候，就需要投资者快速识别 V 图高效反转走势。在行情发酵前确认交易机会，才能够更好地获得投资效果。

V 图形态出现期间，尖底和尖顶反转体现在指标里，同样也是高效的反转形态。这里我们推荐股价波动率指标 ROC 和超买超卖指标 RSI。综合运用这两个指标，投资者能够很好地把握不同情况的尖底和尖顶反转形态，准确地判断价格反转的时点。

形态特征

A. ROC 提示尖顶：当股价连续上涨的时候，指标累计涨幅不断放大，高价区的 ROC 指标表现为单边回升趋势。一旦股价出现调整，ROC 指标率先进入尖顶反转状态，提示 V 图卖点。

B. RSI 超买回落提示尖顶：当 RSI 指标超买回落以后，指标在回调期间跌幅扩大。从 80 以上的超买位置回落，表明指标已经显著见顶，V 图反转也在这个时候确认。

C. ROC 尖底提示股价底部：在股价触底过程中，如果股价底部形态并不是尖底形态，但是 ROC 指标却出现了类似尖底的反转，那么同样可以确认 V

图底部买点。

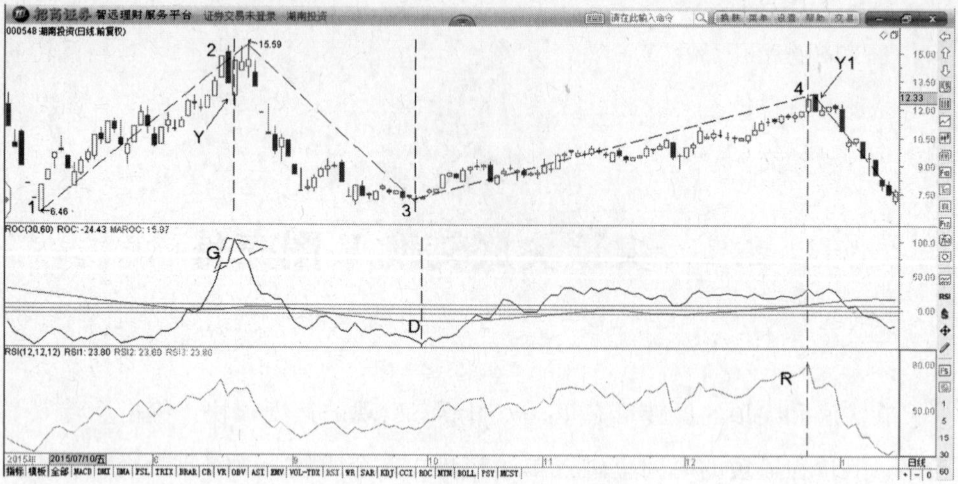

图 8－1 湖南投资日 K 线

操作要领

1. 从 ROC 提示尖顶来看：如图 8－1 所示，股价从 1 位置开始连续上涨，到 2 位置累计涨幅已达 100%。同时，ROC 指标单边回升到 G 位置，并且完成了 G 位置的尖顶反转形态。高价区的 ROC 率先进入尖顶反转状态，提示 V 图卖点出现在 G 位置。后期股价下跌到 3 位置，V 图形态 1－2－3 出现。

2. 从 RSI 超买回落提示尖顶来看：价格反弹期间，RSI 指标在 R 位置超买回落，以尖顶反转的形式确认了 V 图顶部。同期股价在 4 位置下挫，Y1 位置的大阴线确认了这种 V 图形态。其后，V 图形态推动的下跌趋势从 4 位置开始。

3. 从 ROC 尖底提示股价底部来看：股价持续回调期间，3 位置的股价底部形态并不是尖底形态，但是 ROC 指标却在 D 位置出现了类似尖底的反转。可见，ROC 指标的尖底对于确认股价的底部帮助很大。投资者可以确认 V 图形态 2－3－4 出现。

总结

股价 V 图反转不仅体现在指标、量能变化上，最直观的体现还是 K 线形态。案例中的 Y 位置和 Y1 位置的大阳线、大阴线形态，都是推动价格反转的形态特征。综合价格突变的形态以及指标变化，投资者就可以掌握 V 图尖底和尖顶反转的交易时机。

8.2　多顶多底的 V 图交易

在价格反转的过程中，顶部或者底部出现的次数可以是 1 次或者多次。股价从低价区反转，多底部形态的情况下，确认低价区买点的时间更长。不过，价格总要脱离价格低点，多底的情况下，抄底机会出现在不同的底部区域。相似的低点买入股票以后，随着价格涨幅扩大，投资者能够明显地提升盈利空间。

形态特征

A. RSI 指标提示缩量底：进入回落趋势以后，RSI 指标触底 20 附近超卖区域，提示股价底部形态出现。根据股价底部可以确认 V 图形态的反转点位，首次底部可以确认为买点。

B. 等量线继续回调：量能萎缩过程中，即便在股价反弹阶段，等量线依然相对回落。这个时候，量能不再萎缩的时候，表现为放量状态。

C. RSI 指标 2 次提示底部：当 RSI 指标第二次回调到 20 线附近的时候，指标提示股价底部出现。相似价位出现了底部形态。量能相对等量线回升，提示股价触底。

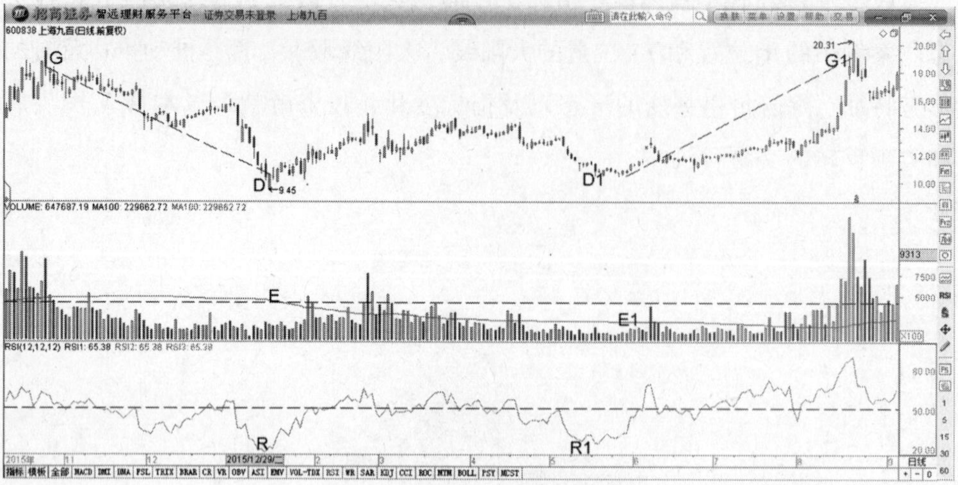

图 8-2 上海九百日 K 线

操作要领

1. 从 RSI 指标提示缩量底来看：如图 8-2 所示，股价从 G 位置开始回落以后，RSI 指标在 R 位置触底 20 附近超卖区域，提示 D 位置的底部形态出现。根据股价底部可以确认 V 图形态的反转点位，首次出现的 D 位置底部可以确认为买点。

2. 从等量线继续回调来看：股价从 G 位置回落以后，价格达到 D 和 D1 位置的时候，成交量萎缩趋势并未改变。在 D1 位置对应的等量线 E1 相对 E 位置明显回落。而 E1 位置的成交量相对等量线并未显著缩量。这表明，低价区量能出现了被动放大迹象。D1 位置可以确认多底部 V 图的第 2 次买点。

3. 从 RSI 指标 2 次提示底部来看：RSI 指标在 R1 位置第 2 次回调到 20 线附近的时候，指标提示股价底部出现在 D1 位置。相似价位出现了 D、D1 位置两个底部形态。而 D1 位置量能相对等量线被动回升，提示股价 V 图多底部形态被确认。股价从 D 和 D1 位置为多底的低价区走强，涨幅 100% 到 G1 位置高位。

总结

在股价缩量下跌期间，成交量持续萎缩的时候，低价区等量线已经处于低位。这个时候，投资者可以在利用指标触底和量能被动放大确认 V 图买点。V 图的多底部形态被确认以后，价格上行趋势将十分明朗。

8.3　平底平顶加速阶段 V 图交易

比较典型的平底和平顶形态里，多空实力达到短期的平衡，使得股价波动空间非常小。如果这种波动小的形态出现在价格低位，那么可以确认为是平底的 V 图反转形态起点，买入股票的机会出现在平底期间。

在价格低位的平底中，量能有时会出现放大迹象。一旦成交量快速放大，股价跳空上涨脱离平底区域，这个时候就出现了 V 图底部买点；而若在高价区，量能低于 100 日等量线的情况下，成交量处于缩量状态。这个时候，若股价突然跌破了平顶区域，那么 V 图反转形态的卖点将得到确认。两种底部形态里，投资者的交易机会都非常多，是 V 图形态出现前的重要看点。

形态特征

A. 率先缩量平顶 V 图：高价区，虽然股价还未大幅度回落，但是成交量低于 100 日等量线。横盘运行期间，高价区的平顶被确认为是 V 图开始的起始形态。

B. RSI 指标底背离：RSI 指标在低位回升期间，收盘价达到新低价位，提示低价区的背离形态出现。这个时候，V 图底部也在形成。

C. 提前放量平底 V 图：低价区，虽然股价还未大幅度上涨，但是成交量相对放大的情况下，股价表现强势。横盘运行期间，低价区的平底被确认为 V 图开始的起始形态。

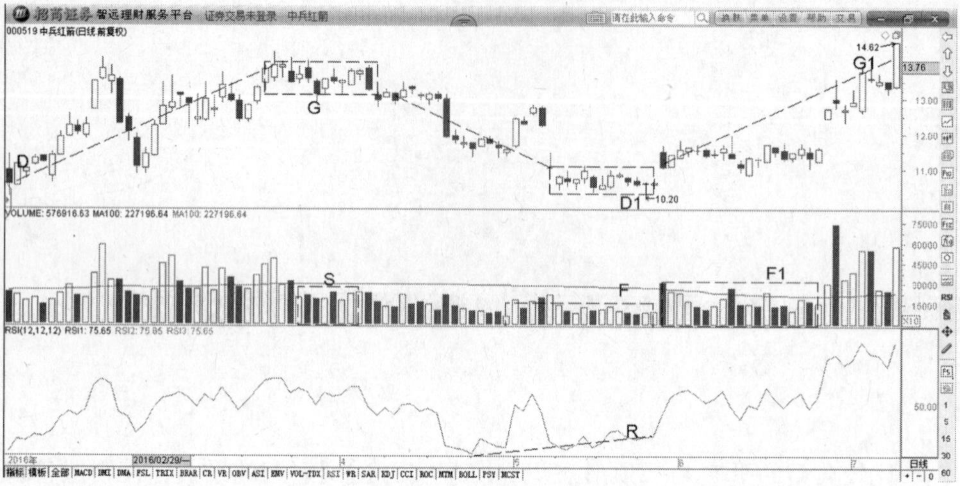

图 8－3　中兵红箭日 K 线

操作要领

1. 从率先缩量平顶 V 图来看：如图 8－3 所示，在高价区 G 位置，虽然股价还未大幅度回落，但是成交量在 S 位置低于 100 日等量线。横盘运行期间，高价区的缩量平顶被确认为是 V 图开始的起始形态。

2. 从 RSI 指标底背离来看：RSI 指标在低位回升到 R 位置期间，收盘价达到 D1 位置新低价位，提示低价区的背离形态出现。这个时候，V 图底部出现在 D1 位置。

3. 从提前放量平底 V 图来看：低价区，虽然股价还未上涨，但是成交量在 F 位置相对放大，股价表现强势。横盘运行期间，D1 位置低价区的平底被确认为 V 图开始的起始形态。之后量能在 F1 位置继续放大，股价回升确认了平底买点。

总结

平顶和平底形态都可以成为股价 V 图出现的起始点，不同的是，高位平顶期间量能提前萎缩，而低价平底期间量能率先放大。成交量的变化是 V 图形态出现的推动因素。关注量能表现，投资者可以在恰当的位置把握交易机会。

8.4　圆弧顶底转换 V 图交易

圆弧形的价格反转走势中，股价 V 图反转的速度较慢，但是反转过程中，交易机会很多。利用圆弧形态的反转走势，投资者可以在反转期间确认交易机会，增加投资收益。圆弧顶底的反转形态是股价典型的顶部和底部特征，V 图形态很容易出现在圆弧顶底反转期间。下面以圆弧底的反转形态为例加以说明。

形态特征

A. 股价弱势回调：在股价弱势回调期间，价格下跌速度并不快，但是股价小 K 线下跌趋势明确。这个时候，低价区的反转从圆弧底开始。

B. ROC 企稳前出现买点：ROC 指标企稳前，指标从 0 轴线下方回升。在指标达到 0 轴线前，圆弧底的低价买点出现。

C. ROC 回调时出现买点：弱势调整期间，ROC 指标不断回调甚至回落到 0 轴线下方。这个时候，低价区的买点出现在 ROC 指标超跌期间。

图 8－4　广弘控股日 K 线

操作要领

1. 从股价弱势回调来看：如图 8－4 所示，从 G 位置和 G1 位置开始，股价在弱势回调期间，价格下跌速度并不快，但是股价下跌小 K 线持续下来。低价区的圆弧底出现在 D－E－F 和 M－N－P 期间的低点。

2. 从 ROC 企稳前出现买点来看：ROC 指标在 1 位置回升到 2 和 3 位置的时候，股价低位买点出现在 D、E、F 位置。ROC 表现弱势，指标在 3 位置达到 0 轴线附近，提示指标企稳。第 3 次买点出现在圆弧底 F 位置对应的低价区。

3. 从 ROC 回调时出现买点来看：股价弱势调整期间，ROC 指标不断回调到 4、5 和 6 位置。指标超跌的时候，股价在 M－N－P 位置完成了低价圆弧底形态，视为 V 图反转的建仓机会。

总结

低价区的圆弧底形态里，股价企稳需要一些时间。在价格企稳的过程中，就是圆弧底逐渐形成的过程，其间，ROC 指标波动区间收窄，低价区的买点出现。V 图从圆弧底形态开始以后，回升期间盈利机会将出现。

推荐阅读

“一看就明白”系列丛书

一本书把主力的底细深挖到底！

书　　名：主力控盘典型形态查询手册
作　　者：李一波　著
书　　号：ISBN 978－7－5454－4593－0
定　　价：54. 80 元
出版日期：2016 年 8 月
出 版 社：广东经济出版社

一本书把筹码的底细深挖到底！

书　　名：筹码分布典型形态查询手册
作　　者：黄凤祁　著
书　　号：ISBN 978－7－5454－5446－8
定　　价：45 元
出版日期：2017 年 7 月
出 版 社：广东经济出版社

一本书把涨停的底细深挖到底！

书　　名：涨停板典型形态查询手册
作　　者：股票淘金客　著
书　　号：ISBN 978－7－5454－5448－2
定　　价：54. 80 元
出版日期：2017 年 7 月
出 版 社：广东经济出版社